PREFACIO POR JONI EARECKSON TADA

Actitud
ANTE LA VIDA

[Una tragedia convertida en victoria]
Ron Heagy con Donita Dyer

Publicado por
Editorial **Unilit**
Miami, Fl. 33172
Derechos reservados

Primera edición 1998

© 1997 por Ron Heagy Jr. y Donita Dyer
Originalmente publicado en inglés con el título:
Life Is An Attitude por Multnomah Publishers, Inc.

Traducido al español por: Mónica Goldemberg

Citas bíblicas tomadas de la Santa Biblia, revisión 1960
© Sociedades Bíblicas Unidas
Usada con permiso.

Producto 498664
ISBN 0-7899-0458-6
Impreso en Colombia
Printed in Colombia

*Este libro está dedicado
a dos de las mujeres más maravillosas del mundo,
mi esposa Christy y Terry Heagy, mi madre,
quienes me aman incondicionalmente.*

CONTENIDO

PREFACIO

Buena presencia. Amplia sonrisa. Mentón fuerte, serenos ojos azules y un copioso y ondulado cabello rubio. Ron Heagy me gustó desde el momento en que lo vi entrando con su silla de ruedas a mi oficina. Más me gustó cuando lo escuché hablar. Sus palabras eran honestas, sazonadas de humor y salidas del corazón.

Mientras hablaba, yo lo observaba tratando de calcular su estatura, preguntándome si habría caminado alguna vez con esas botas de vaquero. Le di un vistazo a Christy, la bella joven sentada a su lado. Ella se inclinó hacia adelante, apoyando la cabeza en la mano y escuchando atentamente cada palabra.

—Estoy tan agradecido por mi familia —suspiró él, moviendo la cabeza.

Contuve las lágrimas pensando en el sacrificio que hicieron mis padres, las lágrimas y las oraciones derramadas al lado de mi cama cuando me accidenté. Así es, la familia y las amistades de Ron hicieron una gran diferencia en su vida. Lo mismo hizo Dios.

Por eso, me vi reflejada en Ron. No podemos evitar dejar de vernos en él. No digo que queramos su silla de ruedas, sino su disposición de ánimo. Con silla de ruedas o sin ella, todos anhelamos vivir con esa nobleza, hablar tan enfáticamente y luchar contra el desánimo tan varonilmente.

Anhelamos reflejar su alma y corazón, reconstruido por la sufriente sacudida del poder de Dios. Él es un ejemplo ambulante de 2 Corintios 12:10: "...me gozo en las debilidades ... en afrentas. Porque cuando soy débil, entonces soy fuerte".

Ron maneja problemas más serios que la mayoría de nosotros, incluyéndome a mí, que soy cuadripléjica de menor grado en silla de ruedas. Y si Dios puede sustentarlo a él, entonces, *todos* podemos gozarnos en nuestra debilidad. Cuando los individuos que enfrentan conflictos menores (como deshacerse de insectos en la ducha) ven como alguien maneja conflictos mayores con tanta gracia, eso dice mucho a su favor.

Y no sólo los creyentes, sino los que no creen. Al observar esto, el mundo se ve obligado a tragarse el orgullo y poner cara de asombro ante la tenaz confianza de Ron en Dios. O está loco, o existe un Dios viviente detrás de su dolor, alguien que es más que un axioma teológico. La vida de Ron es la prueba viviente de que Dios obra. El cristianismo sostiene algunos grandes y arrolladores reclamos que, cuanto más fuertes son, deben estar más firmemente sustentados. Dios invita expresamente a los incrédulos (y a algunos creyentes titubeantes) a examinar los fundamentos de la fe de Ron. Su testimonio es tan fuerte como los argumentos que lo sustentan, y esto hace que la gente piense dos veces acerca del Señor.

Sí, el mundo necesita más historias de inspiración. Nunca habrá tantos testimonios acerca de cómo el poder de Dios se manifiesta mejor en las debilidades. "Cuando somos débiles, él es fuerte" dice la Biblia. Si alguna vez me llegara a olvidar esto, me lo recordaría al ver a Ron apretar el control de su silla de ruedas con el mentón, enfilando decidido hacia el futuro.

Joni Eareckson Tada

Reconocimientos

Para producir un libro exitoso se necesita algo más que el deseo, la habilidad de escribir y una buena historia. Igual importancia tienen los lectores y el silencioso equipo de miembros que trabajan diligentemente detrás de la escena, muchas veces, sin ningún elogio o reconocimiento.

Gracias a Donita Dyer, coautora y madre adoptiva, quien generosamente dedicó varios meses a escuchar, interpretar y poner mis desordenados pensamientos en un conciso y coherente manuscrito. Dios te preparó a ti por adelantado para nuestro trabajo juntos. Poco sabía yo cuando tenía dieciocho años y estaba postrado en el lecho del hospital Huntington Beach que tú estabas a pocos kilómetros de distancia orando por mí, un completo desconocido. Y que Dios te traería a mi vida doce años después para ayudarme a escribir este libro.

Tu generosa dedicación a este proyecto ha sido inapreciable.

También le agradezco a Joni Eareckson Tada y al doctor David Jeremiah. Ambos han sido una tremenda inspiración para mí a lo largo de los años y les estoy enormemente agradecido.

Me siento afortunado de contar con Questar Publishers en mi equipo. Gracias a Don Jacobson por haber tenido fe en mí y mi ministerio, a Dan Benson, quien vio potencial en nuestro proyecto y ayudó a darle vuelo; a Carol Bartley y Sue Ann Jones por su oportuno discernimiento y experiencia editorial; a Blake Weber por sus ideas innovadoras y su entusiasmo para venderlas. Por favor, dense cuenta cuanto aprecio sus esfuerzos.

También deseo agradecer al equipo de Editorial Unilit y a su presidente David Ecklebarger por su esfuerzo para la publicación de este libro en idioma español. Estoy feliz de que esta historia de mi vida pueda servir de inspiración al enorme pueblo de habla hispana.

¿Cómo podré expresarle mi gratitud a mi familia? A mamá, papá, Pennie, Mike, abuela Heagy y abuela Buckmaster, quienes se han entregado a sí mismos tan generosamente.

Sin ustedes, yo no estaría aquí para contar mi historia. También agradezco a los padres de Christy, mamá y papá Stonehouse por su aceptación y estímulo y por haber criado a esta maravillosa mujer que es mi esposa. También le agradezco a mi primo Tim Walusiak, el compañero silencioso en este ministerio quien ayudó a Christy detrás de la escena para asegurarse que todo se fuese haciendo bien y ordenadamente.

Hubo otras personas especiales a lo largo del camino, demasiadas para mencionarlas por nombre, quienes desinteresadamente apoyaron mi ministerio. Quien más se destaca entre ellas es Julie y Tom Cutler. ¡Aprecio sus oraciones y promoción más de lo que ustedes se imaginan! Gracias también a Mark y April Brandis por su halagadora fotografía y a Tom Landry y el doctor Larry Taylor por sus bondadosas palabras.

Por último, pero más que nada, le doy gracias a Christy y al Señor, quienes son mis constantes compañeros, mi inspiración y el viento bajo las alas.

Prólogo

Principio de marzo de 1980

El vibrante sonido de una banda de rock cristiano, palpitaba en medio del atestado auditorio donde dos mil adolescentes entusiastas se balanceaban al compás de la música. Karla, la chica con quien salía, me sonrió con sus ojos azules radiantes, cantando con la banda. Le pasé el brazo por los hombros y su larga cabellera rubia cubrió la manga de mi chaqueta. Ella se reclinó contra mí contenta, y en ese momento, me sentí el muchacho más afortunado.

Yo tenía diecisiete años y me faltaban tres meses para terminar la secundaria en el Central Linn High School. Me esperaba una beca de fútbol en la Universidad del Estado de Oregón y tenía asegurada una carrera en el equipo de la NFL[1], con suerte jugaría con los Dallas Cowboys[2]. Hasta podía imaginar mi fotografía en la portada de la revista *Sports Illustrated* en el futuro. Pero, por ahora, una de las

---

1. Liga Nacional de Fútbol Americano
2. Equipo de fútbol que representa la ciudad de Dallas, Texas

11

chicas más lindas del colegio estaba conmigo con su cabeza apoyada en mi hombro.

El presente era perfecto, el futuro promisorio.

Cuando terminó la canción, una silla de ruedas avanzó por el pasillo. Un pálido y consumido jovencito estaba sentado en esa silla, la cual era empujada por una joven atractiva. Cuando llegaron al centro del auditorio, la joven ubicó la silla en línea en la primera fila y se sentó en una butaca que le habían reservado. En ese momento la banda comenzó a tocar de nuevo y el muchacho de la silla de ruedas la miró y sonrió. Ella le respondió con una sonrisa, pero, mientras los demás aclamaban y disfrutaban la música, él observaba en silencio.

Una mezcla de lástima y desdén me hacía volver la mirada hacia el joven de la silla de ruedas. *Qué triste* —pensé—. *No es más que un observador, no un participante. No puede jugar al fútbol, ni siquiera puede tomarle la mano a la novia. Seguramente que nadie puede conformarse estando atado a un monstruo de metal como ese.*

Atraje a Karla más cerca de mí haciendo un movimiento de cabeza en dirección al joven y susurrándole al oído:

—¡Vaya! Yo jamás podría vivir así. ¡Prefiero morirme!

1 El sueño de California

Faltaban unos pocos días para las vacaciones de primavera y yo todavía no había concretado los planes para mis anticipadas largas vacaciones. Una parte de mí —la madura, el lado responsable— me decía que me quedara en casa, en Brownsville, Oregón y ayudara a papá en la construcción de la casa de madera de dos pisos que estábamos haciendo para la familia.

Su salario de plomero y mecánico de molinos era modesto. Y con tres muchachos que alimentar, nuestros padres, generalmente, tenían que estirar el presupuesto al máximo. Pero habían podido adquirir una hermosa propiedad en el río Calapooia como el lugar para la casa de nuestros sueños. Como la mayoría de sus ahorros se destinó a comprar la tierra, la construcción había avanzado lentamente y por etapas, a medida que entraba dinero se compraban los materiales necesarios.

Papá trabajaba cuarenta horas semanales en el molino, a veces más. En cuanto llegaba a casa se cambiaba de ropa y se dirigía a la casa de madera, trabajando muchas veces hasta avanzada la noche. Puestos los cimientos, instalada la plomería y levantada la estructura, se podía apreciar cómo quedaría la casa una vez terminada. Yo ayudaba cuando podía, después de la práctica de fútbol y otros deportes.

Aunque el deber me llamaba en mi semana de vacaciones, también lo hacía el placer. Dos veranos antes, en un campamento de Teen Mission (Misiones juveniles) en Florida, había conocido a Annette. Cuando terminó nuestro entrenamiento, a ella la enviaron a Holanda y a mí a Brasil, pero nos mantuvimos en contacto telefónico. Al año siguiente, cuando ella me visitó en Oregón, toda mi familia quedó encantada con ella. Ahora, Annette quería que yo pasara las vacaciones con ella en el sur de California.

Aunque mamá y papá estaban locos con ella, yo no estaba seguro cómo tomarían que me fuese a California cuando había trabajo para hacer en casa. Yo respetaba a mis padres y quería su aprobación, especialmente la de papá. Destacarme en los deportes había sido siempre una manera de lograrlo. Lo había hecho bien en lucha libre, sky, levantamiento de pesas, fisiculturismo, salto con garrocha y motociclismo. A decir verdad, el deporte se había convertido en una pasión para mí, especialmente, el fútbol. Llevaba con orgullo el número 33 en mi camiseta y disfrutaba ser el corredor principal de mi equipo.

La aclamación del público, las felicitaciones y los abrazos de los compañeros de equipo así como el halago de los maestros y otros adultos, le daban sentido a mis chichones y lastimaduras. Pero las palabras de papá eran lo más importante para mí. Ya fuera que el equipo ganase o perdiera, cuando salíamos del campo en dirección a los vestuarios, invariablemente me palmeaba la espalda y me decía: "buen juego, hijo".

Papá estaba orgulloso de mí. Lo mismo que mamá, pero a ella le preocupaba mi actitud y mi ego inflado. Mamá tenía un don especial para pescarme delante del espejo sacando músculo, y admirando mi bien desarrollado cuerpo de casi un metro noventa de estatura.

Mis padres sabían que una estrella atlética en una pequeña escuela secundaria se metería en problemas cuando empezara a salir con las chicas. Durante una de las semanas de trabajo, le había confiado a papá que la chica con la que estaba saliendo en ese momento me había dicho que ella no pondría ninguna limitación física en nuestra relación. Mi padre, recordando su propia juventud, me advirtió que mantuviese las emociones bajo control, y hasta ahora, he tratado de hacerlo. Pero, tiempo después de haber roto con aquella muchacha, esas tentaciones seguían.

Debido a ello, mis padres se habían sentido enormemente aliviados cuando unas noches antes, en un estudio bíblico, yo había reconsagrado mi vida al Señor. Mamá y papá no habían sido cristianos toda su vida, pero ahora estaban sirviendo al Señor y encaminando a sus hijos para que hicieran lo mismo. Éramos una familia unida que compartíamos los sueños, teníamos devocionales juntos y trabajábamos juntos hacia la misma meta.

Como Annette era cristiana con el mismo estándar, no me tendría que haber sorprendido que papá me alentara a pasar las vacaciones de verano en California.

—Necesitas unas vacaciones, hijo —me dijo—. Yo no tendré mucho tiempo extra en mi trabajo, y tú no podrás hacer mucho solo. Este verano, después que te gradúes, terminaremos la casa.

Sonreí y asentí con la cabeza. —Gracias, papá —le dije agradecido por tener un padre tan comprensivo.

Cuando salí para poner en condiciones el auto para el largo viaje, Mike me estaba esperando.

—¿Por qué no me llevas contigo? —me suplicó.

—¡Estás bromeando! De ninguna manera voy a ir a visitar a mi novia llevando a mi hermanito.

—Pero ya no soy un niño —protestó—. Tengo casi trece años. Por favor. ¿Y si te prometo no meterme en tu camino?

Puse los ojos en blanco y luego le lancé una mirada de orgullosa superioridad.

—Bueno, tal vez lo considere si haces mis tareas domésticas la próxima semana.

Eso fue todo lo que necesitó Mike para convertirse en mi esclavo voluntario. Pulió el cromado de mi motocicleta, le pasó cera al Volkswagen, hizo mi cama, sacó la basura y se convirtió en mi "lleva-y-trae".

La tarde anterior a mi partida, se desplomó al lado mío en el sofá.

—Muy bien, Ron, hice todo lo que me pediste. ¿Me vas a llevar contigo?

Le di unas palmaditas en la cabeza, condescendientemente.

—De ninguna manera, hermanito.

Estaba furioso. —¿Por qué no? —me preguntó.

—Me molestarías.

Mamá estaba escuchando la conversación e intervino a favor de Mike.

—Hijo, eso no es justo —me dijo.

—Pero mamá, esta es mi última gran cana al aire. Sé razonable. Las personas inteligentes no dejan que sus hermanitos les vayan atrás cuando van a visitar chicas lindas.

Mamá me miró y me contestó sin pestañear. —Si piensas ir directo a California, él te ayudará a mantenerte despierto. Además, puede que no vuelvas a tener otra oportunidad como ésta. Quién sabe dónde estarás en las próximas vacaciones.

2 Choque en Los Ángeles

Diviértanse muchachos, pero tengan cuidado —advirtió mamá cuando Mike y yo salíamos rumbo al sur de California a la mañana temprano.

¿Tener cuidado? murmuré en voz baja. Para mí, correr riesgos era un reto. Nada me emocionaba más que ascender la montaña en mi motocicleta con el caño de escape abierto. ¡Así fue como me rompí una pierna! Me subía la adrenalina cuando sometía a mi oponente a la lona en una lucha o si tiraba con éxito al jugador contrario en un partido de fútbol. Yendo por la autopista aquella mañana, me sentía indestructible. Todo me iba bien.

Miré a Mike, quien estaba durmiendo apaciblemente y roncando suavemente con la cabeza sobre el pecho.

—¡Ea! Se supone que me hagas compañía —le dije dándole un codazo.

Parpadeando, se sentó derecho. —Lo siento. Anoche estaba muy excitado y no pude dormir. ¿Tienes hambre?

—Todavía no. Mike, recién empezamos.

—¿Cuánto falta para llegar?

—No me fastidies con preguntas estúpidas o te dejo en la próxima estación de servicio —lo amenacé bromeando.

Mike no me contestó. Sacó una manzana del almuerzo que mamá nos había preparado y se la comió. Luego sacó un sandwich y se lo tragó. Al rato, mi hermanito estaba durmiendo de nuevo.

Este niño es un caso perdido, me dije a mí mismo.

Después de manejar varias horas, yo también estaba adormecido y decidí hacer una corta parada en alguna tienda. Tampoco yo había dormido mucho antes de salir; había estado demasiado ocupado preparando el viaje y me había acostado tarde y no había dormido bien. Ahora estaba pagando el precio y todavía nos faltaban varias horas de viaje.

Yendo de la máquina de sodas a la caja, vi unas pastillas colgando de un estante. Aspirina Bayer, Pepto-Bismol y NoDoz. Nunca había tomado NoDoz[1], y no me gustaba la idea de tomar píldoras, pero pensé que serían inofensivas ya que las vendían como aspirinas. Compré un paquete y me tomé algunas con un gran trago de Coca. Mike y yo nos volvimos a meter en el pequeño auto Volkswagen rumbo al valle de San Francisco.

Unas horas más tarde, al aproximarnos a la ciudad de Los Ángeles, el tránsito se puso más pesado. En nuestro pueblo, las calles eran sólo de dos carriles y no había señales de tráfico. Manejar mi pequeño "escarabajo"[2] en ese río de ocho carriles de autos, camiones y ómnibus en la hora de mayor tránsito nocturno, era una experiencia nueva para mí. Por mirar por el espejo retrovisor un camión que

---

1   Pastillas que ayudan a mantenerse despierto
2   Nombre por el cual se conoce el Volkswagen, debido a su apariencia

venía detrás de nosotros, no vi que el tránsito se detenía de repente.

—¡Cuidado! —me gritó Mike, cubriéndose.

Apreté el freno a fondo y las gomas chirriaron mientras nos íbamos contra un Mercedes plateado. *¡Wrack!* El impacto nos despidió volando por el parabrisas ya que ninguno de los dos teníamos puesto los cinturones de seguridad.

—¡Mike, Mike! ¿Estás bien? —grité, sacudiéndole el hombro.

—Sí, estoy bien —me dijo con voz monótona.

El conductor del Mercedes —un hombre como de dos metros setenta— salió frotándose la nuca. *¡Oh, no! ¿Y ahora qué?* me pregunté. *Si este hombre tiene problemas con su cuello y espalda y yo tengo la culpa, seguro que me llevará a juicio. Subirá mi póliza de seguro y papá estará furioso.*

—Lo siento tanto, señor —comencé a explicarle mientras el hombre evaluaba los daños ocasionados a su vehículo.

—Parece que el tuyo está peor —dijo mirando el "escarabajo". Habíamos roto el parabrisas con la cabeza y ambos guardabarros caían sobre las ruedas. La manija del baúl estaba rota y el baúl delantero había quedado abierto, como si el auto estuviese jadeante de dolor.

—No veo daño alguno en mi auto, excepto un pequeño rasgón en el cromado de la placa. ¿Ustedes son de otro estado? —nos preguntó mirando nuestra placa.

—Sí, señor. Vivimos en Oregón y esta es la primera vez que manejo en un tráfico tan pesado —asentí.

Mirando la aglomeración que se había formado, me dijo:

—Hijo, si tú y el muchacho están bien, hagamos como si nada hubiese pasado. ¿Está bien? Yo no sufrí ningún daño y se ve a las claras que tú eres el culpable. Así que, sigamos nuestro camino. ¿Qué te parece?

—¡Fantástico! Gracias, señor. ¡Un millón de gracias!

Suspiré aliviado cuando lo vi subirse a su Mercedes y desaparecer. Mientras tanto, el camionero que venía detrás de nosotros tocaba impacientemente la bocina y nos gritaba para que nos moviésemos. Mike y yo empujamos el Volkswagen, herido de muerte —mi antiguo orgullo y alegría—, hacia el lado de la carretera.

—¿Qué vas a hacer, Ron? —me preguntó Mike, mirándome primero a mí y luego los guardabarros abollados del querido "escarabajo".

—Vamos a intentar arreglarlos —le contesté, tomando el desmontador de neumáticos para usarlo de palanca y empezar a trabajar.

—Vamos, Mike. Tira. Más fuerte.

Finalmente logramos estirar los guardabarros arrugados, separándolos de las gomas y volvimos a andar. El volante temblaba y la tapa del baúl, atada con el cordón de mi pantalón de baño, se sacudía sin cesar. Miré a mi hermano y noté que tenía una marca roja en la frente.

—Mike ¿estás seguro que estás bien?

—Sí. ¿Y tú?

—Tengo algunos chichones y lastimaduras, pero nada serio. Me gustaría poder decir lo mismo de mi auto —me lamenté—. ¿Qué va a pensar Annette cuando aparezcamos allá como si nos hubiésemos arrastrado por el suelo. ¡Hombre! ¡Qué poca clase!

Mike no estaba preocupado en causarle buena impresión a mi novia como lo estaba yo.

—Mira el lado positivo, Ron —me dijo sonriente— lo peor ya pasó. Lo vamos a pasar bien haciendo surf[3] y yendo a Disneylandia.

---

3   Deporte acuático donde se usa una tabla para desplazarse sobre las olas

3 El último día en el paraíso

No fue una entrada como la que yo hubiese querido, pero un par de horas más tarde —cansado, sucio y menos seguro de mí mismo— toqué el timbre en la puerta de la casa de Annette.

—¡Ron! —exclamó dándome un fuerte abrazo—. ¡Qué bueno verte!

Miró a Mike. —¡Eh! ¿Qué te pasó en la cabeza?

—Averígualo tú misma —le contestó señalando el "escarabajo" y explicándole brevemente.

—¿Están bien, muchachos? Eso es lo importante —se tomó de nuestros brazos—. Pasen. Deben tener hambre. Mamá preparó una rica cena y después de comer, podrán "estrellarse" en la cama.

—¡Epa! No uses esa palabra —protestó Mike, frotándose la frente.

—Lo siento —se disculpó Annette riendo—. Podrán dormir esta noche. Mañana, mi hermano Justin y yo los llevaremos al Reino Mágico[1].

—¡Fantástico! —respondió Mike—. Estoy ansioso por ir.

Asentí indulgentemente, como un padre protector.

—Bien, mañana iremos a Disneylandia, pero ¿tendremos tiempo de ir también a la playa? Me muero por hacer *surf*.

—Seguro. Volveremos a casa, comeremos algo, nos pondremos los trajes de baño e iremos a la playa. Justin es muy bueno en *surf*; él te mostrará —dijo Annette.

A la mañana siguiente nos levantamos temprano, listos para comenzar la gran aventura. Disneylandia cubrió ampliamente nuestras expectativas. Nos divertimos, bromeamos, fuimos a los juegos y nos hicimos chistes cuando íbamos hacia Main Street USA[2]. Posamos con Tribilín para las fotos, comimos hamburguesas y helados y nos pusimos las orejas del Ratón Miguelito que se exhibían en los estantes de las tiendas. Pasamos un día maravilloso. Cuatro adolescentes solos en el Mundo Mágico.

A media tarde, yo ya había tenido bastante de Pluto y el pato Donald.

—¡Eh, muchachos! Tengo calor, estoy cansado y ansioso por ir a hacer *surf* —les dije.

Justin, de dieciséis años, estuvo de acuerdo.

—¡Grandioso! Todavía estamos a tiempo para que te de una lección de *surf* —me sonrió, comprendiendo—. Pero no esperes poder andar sobre las olas en tu primer intento.

---

1. Parque de diversión en Disneylandia
2. Calle principal en el parque de diversiones Reino Mágico

Nos encaminamos a su casa, nos cambiamos de ropa, tomamos la tabla de *surf* de Justin del garage, nos volvimos a meter en el auto y salimos rumbo oeste.

—Esto es lo que harás —me explicó Justin mientras nos desplazábamos en medio del tránsito—. Es más fácil si eliges un buen grupo de olas desde la orilla y esperas una buena oleada. Tomas la tabla, corres bien rápido mar adentro volando sobre la tabla y remando como loco con los brazos. Eso es lo más difícil. Tienes que pasar la rompiente. Entonces, cuando la ola comienza a levantarse, la tomas en ángulo y tratas de mantenerte encima de ella.

Yo escuchaba a medias; era cuestión de sentido común ¿no? Entrar con la tabla, salir en la tabla.

Cuando Justin terminó con la clase de *surf*, estábamos estacionando en el risco que daba al mar. Siguiendo a Justin y Annette, Mike y yo bajamos los escalones en dirección a la playa que se extendía delante nuestro, radiante y hermosa bajo la luz del sol. A lo lejos, se veían los bañistas con sus tablas pasando la rompiente. Cuando se levantó el oleaje detrás de ellos, se tiraron en sus tablas y remaron fervientemente con los brazos. Cuando las tablas estaban en la cresta de la ola, se pararon ágilmente y se dieron vuelta lentamente. Algunos llegaron triunfantes a la orilla; otros se estrellaron contra las olas.

—¡Qué arriesgado! —gritó Mike mientras caminábamos por la arena con los ojos puestos en los bañistas.

—Bien, Justin —le dije después de haber extendido las toallas en la arena y habernos sacado las camisetas—, muéstranos cómo se hace.

Miró con sonrisa burlona hacia el horizonte. De repente, tomó su tabla y se metió corriendo al agua, remando velozmente sobre la tabla. Justin nadó tan lejos que casi lo perdimos de vista. Luego, cuando los muchachos se pararon en sus tablas, vimos su pantalón de baño de brillantes colores. Se puso de pie sobre la tabla con gran maestría y lentamente se fue dando vuelta tomando la curva de la ola y deslizándose hacia la orilla.

—Oooooyyyyy —grité, haciendo corneta con las manos y aclamando—. ¡Asombroso! Tengo que hacer eso.

—¿Estás listo? —me llamó Justin desde el mar.

—¡Aquí voy! —le contesté, saltando en las espumosas olas aparentando confianza. Había un montón de chicas lindas en la playa y yo pensaba que todas me estaban mirando. Sin duda que pronto quedarían admiradas por mi habilidad con la tabla, así como asumí que estarían impactadas con mi escultural cuerpo. Aunque era nuevo haciendo *surf*, pero ¿qué tan difícil podría ser? Especialmente, para un atleta como yo. Podía correr como un conejo evadiendo los sabuesos en el campo de fútbol. Podía levantar acostado sobre mis espaldas 300 libras de peso en el gimnasio. También podría hacer esto. Tranquilo.

Siguiendo las instrucciones de Justin, me acosté sobre la tabla y remé sobre el agua, parando momentáneamente cuando el oleaje me pasó por encima, llenándome los ojos y la nariz de agua salada. Tosí y estornudé y comencé de nuevo con intención de pararme en la próxima oleada. Después de lo que me pareció media hora, me di vuelta para mirar hacia la playa y me di cuenta que no había ido demasiado lejos. Había braseado tanto que estaba exhausto y sin aliento cuando finalmente me acerqué a un par de muchachos que estaban descansando en sus tablas, pasando la rompiente, esperando por la ola para alcanzar la orilla.

—¡Muchachos, todos atentos! —gritó de pronto uno de ellos.

Por el rabillo del ojo, vi que se levantaba el oleaje. Pataleé con fuerza para colocar la tabla en dirección a la playa, mirando por encima del hombro y agarrando la tabla con ambas manos. *¡Allá vamos!*, pensé excitado.

En un instante, la tabla y yo fuimos levantados en alto. Sentí que estaba volando en el aire a cientos de kilómetros por hora. Hice fuerza con los brazos y levanté las rodillas con el corazón palpitante. *¡Bien, bien! Lo estás logrando; sigue así!* Me decía a mí mismo, deseando, en ese momento, haber escuchado mejor las instrucciones de Justin.

Pero, en vez de pararme sobre la tabla, quedé semiagachado agachado sobre la tabla, con las rodillas pegadas al pecho, y desplazándome velozmente sobre la cresta de la ola, dando la apariencia de una tortuga montada encima de un cohete. *Parecía tan fácil cuando lo hizo Justin,* pensé. En ese preciso momento, la tabla pegó un tirón golpeando contra la pared de la ola y ésta me pasó por encima, sacándome de la tabla y revolcándome en medio de la blanca espuma, hasta llegar a la costa. Salí hasta la arena y me quedé tendido allí, jadeando. *Tanto que quería causar una buena impresión,* pensé de mal humor mientras Mike corría a mi lado. Estaba tosiendo y jadeando, tratando de expulsar el agua salada de los pulmones y la nariz.

—¡Ron! ¿Qué te pasó? ¿Te estás enjuagando por dentro, o qué? —me preguntó en voz alta, riéndose descontroladamente como para que todas las chicas se enteraran de mi lamentable aspecto, tendido sobre la arena entre algas y basura que había arribado a la orilla.

—¡Cállate! —murmuré con una mueca, secándome la cara con su toalla y levantándome despacio. Decididamente me encaminé hacia el mar. *Yo puedo hacerlo* me dije a mí mismo.

Observé la próxima marejada y corrí hacia el agua, braceando en dirección a Indonesia. Estaba cansado y me dolía el cuello, me había vuelto la rigidez por causa del choque del auto. Pero seguí intentándolo, decidido a hacer *surf.* Finalmente en posición, esperé hasta sentir que el agua levantaba la tabla conmigo en alto. *Quieto. Tranquilo,* me dije deslizando las rodillas por debajo del pecho.

Nuevamente estaba en posición de tortuga, todo un manojo de nervios y músculos agarrado a un pedazo de vidrio acrílico, moviéndose sobre la ola, como un cuchillo caliente cortando manteca. De pronto, la tabla dio una vuelta y pude ver de soslayo que se levantaba una pared de agua a mi lado. Me desconcertó tanto que di vuelta la cabeza para mirar. Inmediatamente la tabla cayó sobre la espuma tirándome de espaldas y sacudiéndome violentamente, dejándome fuera de control.

—Ron ¿estás bien? —me preguntó Mike cuando volví a llegar tan indecorosamente a la orilla, como una ballena que apenas podía llegar a la arena.

—Sí —le dije— estoy bien. ¡Uff! Esto es más difícil de lo que parece.

—Ya lo lograrás —me animó Justin— sigue intentándolo. Lo estás haciendo bien.

—Sí, estoy mejorando el aterrizaje en la arena —le contesté sarcástico.

No queriendo darme por vencido, volví en busca de un mayor castigo, pero, por más que lo intenté con ahínco, no pude ponerme de pie sobre la tabla. Finalmente, exhausto, me senté en la playa al lado de Annette, Justin y Mike para mirar la puesta de sol sobre el Pacífico. El oleaje era más calmado, pero todavía quedaban algunos empecinados en el agua, parados derechos sobre sus tablas, deslizándose sobre la superficie de las olas.

—Mike, viejo amigo, escucha bien —le dije a mi hermano con determinación—, voy a aprender a hacer *surf*. Voy a deslizarme sobre esa tabla o moriré intentándolo.

4 Destruido

Q

Qué gran día será hoy!, pensé al ver el sol asomándose entre la persiana del cuarto de huéspedes. Miré hacia Mike.

—Es hora de levantarse —bromeó—. Hoy vamos a la playa ¿o ya te olvidaste?

—¿Cómo me voy a olvidar? Hoy me voy a parar sobre esa tabla.

—Sí, probablemente coquetees también con las chicas lindas.

—Me conoces muy bien, hermanito. Además, tú te has convertido muy rápidamente en un observador de chicas.

Se sonrió, tomó la almohada y me pegó con ella antes de saltar de la cama.

—¡Eh, muchachos, diviértanse! —dijo Annette desde el pasillo, saliendo para su trabajo de medio tiempo—. Los veré esta tarde.

—Gracias. Nos divertiremos y no coquetees con los muchachos guapos.

El día estaba brillante y hermoso cuando Justin, Mike y yo llegamos a Huntington Beach; el día era cálido y tranquilo y corría una leve brisa. Nos quedamos parados un ratito en el risco, disfrutando la vista panorámica. Desde ese sitio aventajado, el mar azul y el cielo celeste parecían extenderse hasta el infinito. Solamente la isla de Santa Catalina se interponía en el horizonte.

—¡Vamos, no sean lentos! —los llamé mientras descendía los escalones de dos en dos hacia la playa—. No tenemos todo el día.

Ya tenía el pie en la tabla cuando Justin y Mike llegaron a la orilla. El agua estaba helada.

Nos quedamos parados mirando el mar que estaba quieto como un espejo, con excepción de unas diminutas olas que bañaban la arena. No era de sorprenderse que fuésemos los únicos con tablas de *surf* en la playa. ¡No se podía hacer *surf*!

—La marea está muy alta y estas olas no sirven —dijo Justin con aire de autoridad. Extendió una toalla sobre la arena y se puso crema en la nariz—. Pero podemos descansar un rato.

—Bueno, pero ¿podrías tomarnos una foto a Mike y a mí primero? —le di la cámara a cambio de su tabla, saqué músculos y me puse en pose.

Después de tomar la foto, Justin dijo:

—Muy bien, amigo. Ahora tendrás una foto para mostrarle a tus padres.

—¿Qué quieres decir? —lo retó Mike—. Ron la quiere para mostrársela a todas sus novias en Brownsville.

—Cállate, Michael —lancé irritado porque hubiese dicho aquello delante del hermano de Annette. Lo miré como diciendo: "un comentario más como ese y te dejo abandonado en la playa.

Mike se rió.

Los tres nos tiramos en la arena pero al rato el sol me quemaba en el pecho. Me di vuelta, me apoyé en un codo y me quedé mirando la gran extensión azul. El panorama de la playa era asombroso, Las nubes blancas pendían del cielo haciendo círculos sobre nuestras cabezas, llamándose unas a otras y pasando con sus alas extendidas sobre nuestras cabezas. Las grullas de patas largas iban de acá para allá jugando con las olas y unos chiquitos estaban juntando conchas en sus coloridos baldecitos bajo la mirada de sus madres. Mirando la escena, tomé ociosamente un puñado de arena y lo dejé escapar lentamente entre mis dedos. *Qué manera tan perfecta de pasar las vacaciones de primavera* —pensé.

Al rato, me volvió la energía. Le di un codazo a mi hermano.

—Vamos a darnos un baño.

—Nooo. El agua está muy fría. Además, me quiero broncear bien para que cuando volvamos los muchachos vean que estuvimos en California —me contestó Mike dándose vuelta y extendiendo los brazos hacia adelante. Su cuerpo parecía delgado al lado de mis 195 libras. Traté de acordarme de mis trece años cuando pesaba 120 libras y no tenía músculos en mis delgaduchos brazos, como Mike, y me reí para mis adentros por la comparación.

—Quédense quietos, muchachos —dijo Justin, sin molestarse en levantar la vista siquiera.

Decidido a no perder más tiempo, me dirigí a la orilla y metí los pies en el agua. *¡Brrr! Está helada* —pensé. Mientras titubeaba en meterme con la tabla, vi que se levantaba el oleaje hacia la orilla ganando altura al aproximarse. Esperé hasta que la ola creció. Entonces, comenzando a correr, me zambullí hacia la rompiente.

Me cubrieron toneladas de agua que me taparon la vista de la costa. Al instante siguiente, mi cabeza golpeó en la arena. Sentí una fuerte sacudida y escuché algo quebrarse en el momento en que la cabeza se me iba hacia atrás golpeando con fuerza en medio de los omóplatos. Un agudo resonar invadió mi cabeza y sentí un terrible dolor cortándome el cuello.

La ola rodó incesante, arrastrándome a los tumbos con ella, empujándome hacia abajo y revolcándome hasta refregarme la cara contra la conchilla del fondo. ¡Necesitaba aire! Traté desesperadamente de salir a la superficie; pataleé, pero mis piernas no se movían. Quería sacar mi cuerpo de la arena empujando con las manos y sacar la cabeza a la superficie, pero mis brazos también parecían estar sin vida en las aguas revueltas. Sentí que mi cuerpo era arrastrado por la corriente lejos de la playa.

¿Cómo podía cambiar todo tan rápidamente? En un momento estaba en completo control del cuerpo de un despreocupado muchacho de diecisiete años que desafiaba las circunstancias. Un segundo después era un indefenso muchacho arrastrado a la deriva en el océano.

¿Qué me pasa? Mi mente trataba de encontrarle sentido al caos que me estaba jugando esta mala pasada. Necesitaba aire y veía la luz del sol en la superficie, pero no podía llegar hasta allí. *¡Me estoy ahogando!* —tomé conciencia—. *Dios, por favor. Por favor, Dios. ¡Dios! No me dejes morir. No de esta manera. ¡Dios, por favor! ¡Por favor, Dios, ayúdame!*

Dios *sí* me ayudó.

Él me extendió los brazos delgaduchos de un chico de trece años y me sacó a la luz.

5 El rescate

Cuando me fui trotando al agua, Mike se había dado vuelta y había cerrado los ojos. Luego se incorporó para ver cómo me sumergía. Vio mis brazos en alto, los codos a la altura de mis orejas, mi cabeza bajo las olas y mi espalda mojada brillando al sol. Se iba a volver a acostar pero algo hizo que se quedara mirando.

Al ver que mi cuerpo daba una veloz media vuelta, se apoderó de él cierta intranquilidad. Miró la tabla, esperando que asomara la cabeza.

¡Algo anda mal!, notó.

No había nadie en el agua. Ni nadadores, ni nadie haciendo *surf*. *Espera*. ¿Qué fue eso? Sin decirle nada a Justin, Mike salió corriendo hacia el agua sin saber para qué.

—¡Ro-o-o-on!

Apenas había visto sólo un destello de color cuando se levantó una ola y luego rompió; sólo un punto de azul oscuro que rápidamente fue tragado por las impetuosas aguas. Pero se lanzó en esa dirección como disparado por un mortero, fijando sus ojos en el lugar donde había visto aparecer mi pantalón de baño.

La corriente interna me arrastraba como a un barril, haciendo rebotar mi cuerpo indefenso desde el fondo como un alga flotante de brazos y piernas llevada por la corriente.

—¡Ron! ¡Ron! ¿Dónde estás? —gritó Mike corriendo entre las olas y metiéndose en el agua hasta la cabeza. Luchó contra las olas frenéticamente para no perder de vista el sitio donde me había visto un momento antes. Tomando aire, se zambulló, tratando ansiosamente de ver en medio de las burbujas y la espuma.

Nada. Salió rápidamente a la superficie luchando por ver algo pero el oleaje se lo impedía. Tomó aire y volvió a sumergirse. Nada. Nadó sin saber para qué lado ir pero, instintivamente, hacia adentro, internándose en el mar.

—¡Roniiiii! —me llamó repetidas veces.

Volvió a sumergirse y me vislumbró, meciéndome lentamente y alejándome de él. Con la determinación de un competidor olímpico, Mike volvió a zambullirse y haciendo fuerza con los pies contra la arena del fondo, se puso debajo de mi cuerpo y me empujó hacia arriba. Mientras tanto, yo estaba librando mi propia batalla, esperanzado, orando y conteniendo el aliento mientras era arrastrado a la deriva como una botella.

Finalmente, sintiendo que me iban a estallar los pulmones, me resigné al trago inevitable y esperaba tragar un gran sorbo de agua salada. No pude sentir las manos de Mike en mis piernas, ni supe que había detenido mi viaje tumultuoso arrastrado por la marea; no tenía idea qué era lo que me empujaba como un tiro sacándome a la superficie. Sólo supe que de pronto abrí la boca y una fresca bocanada de dulce oxígeno llenó mis pulmones. Inspiré el aire salado, abrí los ojos y miré el sol... y luego mi cabeza volvió a sumergirse nuevamente bajo el agua.

Me hundí; mis ojos buscaban desesperadamente las burbujas ascendentes para entender lo que estaba pasando. Un cuerpo se puso a mi lado bajo el agua y una vez más fui empujado a la superficie. Nuevamente mis pulmones aspiraron el bendito aire.

—¡Mike! —grité, asombrado al ver su cabeza de pronto asomándose al lado de la mía. Pero al volver a hundirme, un nuevo temor se apoderó de mí. *¡Él también se va a ahogar! ¡Tengo que salvarlo!*

—¡Mike! —grité al instante, cuando mi cabeza volvió a aparecer en la superficie—. ¡Mike, regresa!

Una ola nos pasó por encima ahogando mis palabras y sacudiéndome mientras me volvía a hundir.

—¡No, Ron! —me contestó con firmeza y luchando contra el agua—. ¡No voy a dejar que te ahogues!

Cuando Mike me encontró yo me encontraba como a unos cuatro metros de profundidad. La única posibilidad que tenía de salvarme era sumergiéndose varias veces, y hacer presión con los pies contra la arena del fondo para empujarme hacia la costa. Cuando asomó la cabeza al lado de la mía, intentó mantenerme a flote, pero yo era demasiado pesado, aun en el agua salada. Repetidas veces nos hundimos; repetidas veces Mike hizo fuerza desde el fondo y *empujó*, sacándome para arriba. En una de esas veces, nuestras cabezas salieron a la superficie y vi sus ojos.

—Mike, regresa —le volví a gritar. Y nos volvimos a hundir.

Justin, tirado en la arena, no se había dado cuenta de la lucha contra la muerte que se estaba librando a pocos metros de la costa. Finalmente, levantó la vista justo en el momento en que Mike lograba llegar conmigo al banco de arena donde me había golpeado la cabeza un rato antes. Parado y luchando por agarrarme de la cintura para que mi cabeza quedara fuera del agua, temblando de miedo y cansancio, Mike pegó un grito.

—¡Justin! ¡Justin! *¡Auxilio!*

Justin se lanzó a la carrera. —¿Qué pasó? —gritó.

—No sé. No sé. ¡Ayúdame! ¡Ayúdame! —balbuceaba Mike frenéticamente, completamente aniquilado, funcionando solamente con la adrenalina.

Justin me agarró de un brazo y Mike del otro. Empezaron a arrastrarme hacia la orilla, pero se me iba la cabeza para atrás y el agua me la tapaba. Me agarraron como pudieron del cabello para mantenerme la cabeza erguida mientras trataban de atravesar los veinte metros de agua que había hasta la playa. Mi cabeza se sacudía y rebotaba; ellos trataban de levantar el peso muerto de un cuerpo de casi cien kilos para sacarlo a tierra seca. Podía sentir los huesos rotos en mi nuca.

Cuando llegaron a la arena, Mike estaba exhausto.

—¡Justin, ve a buscar ayuda! ¡Apúrate!

Había una señora sola tomando sol a unos pocos metros de nosotros.

—¡Auxilio! —gritó Justin agitando los brazos—. ¡Llame una ambulancia! ¡Necesitamos ayuda! ¡Apúrese!

La señora dejó la revista que estaba leyendo, se puso de pie de un salto y salió corriendo.

Mike y Justin se desplomaron a mi lado, habían quedado exhaustos de arrastrarme a la costa los últimos metros. Justin se agachó chorreando agua y Mike estaba parado entre la corriente y yo, temblando y sollozando tratando de evitar que las olas me volviesen a arrastrar mar adentro.

La olas me golpeaban repetidas veces, arrastrándome a la orilla al venir y empujándome contra las piernas de Mike al retirarse. Tenía dificultad para respirar. Mis pulmones estaban parcialmente paralizados y se esforzaban desesperadamente por respirar.

—Mike... —quería darle las gracias. Quería decirle lo mucho que significaba para mí. Pero en cambio sólo pude jadear—. Levántame... Mike... rápido... no puedo...respirar.

Se abalanzó sobre mí para levantarme, gimiendo y jadeando mientras empujaba mi cuerpo inerte para sentarlo, apoyando mi espalda en su pecho. Volví a sentir en mi cuello el ruido de huesos triturados cuando mi cabeza se fue hacia adelante, cayendo el mentón sobre mi pecho. Otra aguda punzada de dolor me dejó ciego, y un renovado sentimiento de pánico me congeló el corazón cuando se me cortó el aire por el peso de mi cabeza que colgaba del cuello.

—Abajo... ponme para abajo... ¡me estoy asfixiando!

Mike me movió levemente, dejando que mi cabeza se apoyara sobre su pecho hasta bajarla a sus rodillas. Traté de toser para limpiarme la garganta de agua salada, pero no pasó nada; mis pulmones, estaban llenos de agua y a causa de los espasmos, ya no estaban bajo mi control. Giré el cuello a un costado y volví a escuchar los huesos rotos; vi dos piernas flotando en el agua casi en el ángulo del ruedo de mis pantalones de baño. Me llevó un segundo hacer la conexión imposible: *esas son mis piernas, flotando. Mis piernas. Las veo pero no las siento.*

Miré la expresión aterrorizada de Mike, doblado sobre mí. Tenía los ojos desorbitados y seguía respirando entrecortadamente. Sentía el ruido del agua en mi cabeza y arena en mis oídos.

—Mike... me voy... a morir —dije jadeando, luchando por introducir oxígeno en mis pulmones paralizados—. Voy... a morir.

—¡No, Ron! ¡No puedes! —protestó entre sollozos.

—Te... quiero... hermanito... Dile a mamá... papá... Pennie... que también... a ellos... los quiero —lo dije entrecortadamente, pero él entendió el mensaje.

—¡No Ron! ¡*No* te vas a morir! —Mike me agarró la cabeza entre sus manos temblorosas; tenía la espalda sobre sus rodillas. Luego, levantó la cabeza, sollozó y cerró los ojos.

—¡Oh, Dios —gritó, en una desesperada plegaria—, ¡no permitas que mi hermano muera! ¡*Por favor* no lo dejes morir!

La playa estaba desierta. Finalmente, la mujer a quien Justin le había pedido ayuda, apareció gritando.

—¡Llamé al 911![1] ¡Ya vienen!

Y corrió en dirección al estacionamiento para esperarlos y traerlos hacia nosotros.

Nos juntamos. Éramos tres chicos terriblemente asustados, atrapados en una tragedia en medio de un bello atardecer. —El paraíso— había dicho yo cuando llegamos.

Pasaron los minutos. Me pareció haber estado allí desde siempre; el viento frío acariciándome suavemente. Entrando y saliendo de mi estado de consciencia, sabía que me estaba muriendo.

—¡Ya llegaron! —gritó Justin. Agitó los brazos y les gritó a los paramédicos—. ¡Acá! ¡Acá estamos!

Tres hombres uniformados se abrieron camino en la arena trayendo los pesados equipos y la camilla.

—¡Auxilio! —gritó Mike al borde de la histeria—. ¡Ayúdennos! ¡Necesitamos ayuda!

Luego de otro largo minuto, un rostro desconocido apareció delante de mí.

—¿Qué tal, hijo? —me preguntó el paramédico.

—Me lastimé.

—¿Dónde?

—El cuello... cabeza... no puedo respirar... no siento... las piernas.

Me colocó una máscara de oxígeno y los pulmones se me llenaron de aire puro y fresco.

---

1. Servicio de emergencias

—¿Está mejor así? —me preguntó, pero todo lo que pude hacer fue pestañear para contestarle. Enseguida me colocaron un sujetador en el cuello para mantenerme la cabeza en su lugar.

—Aguanta, chico —me dijo— te vamos a levantar para ponerte en una camilla y llevarte al hospital —sonrió—. El médico te revisará; no te preocupes. Te cuidarán muy bien en HBIH[2]. Cuentan con los mejores especialistas del condado de Orange.

Otra punzada de dolor me perforó la nuca cuando me introdujeron en camilla en la ambulancia. Cerré los ojos respirando con dificultad, entrando y saliendo de la oscuridad.

Se cerraron las puertas y sonó la sirena, como si estuviese lejos. Las voces de los paramédicos sonaban distantes y monótonas.

—Hospital Huntington Beach, estamos en la playa, a seis minutos de ustedes, llevando un accidentado, varón, diecisiete años... —siguió hablando en términos médicos y me colocó la mano en la frente, como para darme confianza.

Luego escuché otro ruido. Alguien estaba llorando. Despacio, con hipos y sollozos que provenían del fondo de la ambulancia.

Eran míos.

—Muchacho, no te preocupes; todo saldrá bien —se me acercó el paramédico con una sonrisa de confianza—. Los médicos se encargarán muy bien de ti.

Yo estaba avergonzado de mis lágrimas. En el pasado, pasara lo que pasara, yo no le hacía caso al dolor. Pero ahora las lágrimas rodaban por mi cara y ni siquiera podía levantar la mano para secarme.

---

2. Hospital Huntington Beach

Un profundo sentir de miseria me arropó, y lloré descontroladamente bajo la máscara de oxígeno. Me temblaba el cuerpo con los espasmos. Estaba por darme un "shock". Pero antes de caer completamente en la oscuridad, una pregunta se formó lentamente en mi mente.

—Mike... —murmuré—. ¿Dónde está Mike?

6   Ángel de misericordia

Para Mike, los sucesos de aquella mañana ocurrieron de forma rápida algunos y muy lentamente otros. Sacarme a la orilla, sostener mi cabeza fuera del agua y esperar la ambulancia, los vivió como de extrema lentitud.

Pero cuando llegaron los paramédicos, todo pasó rapidísimo. En un momento me tenían atado a la camilla con la máscara de oxígeno sobre mi boca. Luego me transportaron por la arena hasta la ambulancia que estaba esperando.

Mike, azul de frío y temblando de ansiedad, se apuró mientras los médicos me llevaban por la playa. Cuando llegaron a la ambulancia, abrieron velozmente las puertas y me metieron dentro. Uno de los hombres se dirigió de prisa al volante y el otro se ubicó a mi lado en la parte posterior. El otro hombre se dirigió a Mike y Justin.

—Muchachos, sólo podemos llevar a uno de ustedes —dijo hablando rápido—. ¿Cuántos años tienes? —preguntó mirando a Mike.

—Trece.

—¿Y tú?

—Dieciséis —contestó Justin.

—Sube —le dijo el conductor a Justin haciendo un ademán—. Tenemos que irnos.

En un instante, se cerró la puerta y la ambulancia salió haciendo sonar la sirena. Mike, asustado y perplejo, quedó solo en el risco, a miles de kilómetros de casa, sin dinero y sin poder llamar a nadie para pedir ayuda.

Hasta el día de hoy, diecisiete años después, a Mike le cuesta describir lo que pasó después. Es más, no le gusta hablar o pensar en ello porque el recuerdo es demasiado doloroso.

Devastado con la idea de perder a su hermano y sintiéndose abandonado, le llevó un buen rato poder moverse. Se acuerda que volvió a la playa donde menos de una hora antes estaba tendido tranquilamente en la arena. Con desgano, volvió arrastrando los pies en la arena. *Seguramente que la llave del VW está en el bolsillo de su pantalón vaquero* —pensó—. *¿Pero de qué me sirve? No puedo manejar sin licencia y ni sé cómo llegar a la casa de Annette.*

Dio un vistazo a la playa. Estaba casi desierta. Solamente había gaviotas y zancudos para hacerle compañía. Impulsivamente, Mike se tendió en la toalla, metió la cabeza entre sus brazos y empezó a llorar.

—No lloré tan fuerte como para que me pudiesen oír —recuerda— pero era *profundo*. Me sentía muy perdido, muy solo y no sabía qué hacer. Más que nada, quería estar con Ronnie ¡pero ni siquiera sabía dónde lo habían llevado! No tenía ni la menor idea de qué hacer; así que me tendí allí y lloré.

El tiempo pasó lentamente, pero al rato, Mike escuchó la voz de una mujer y él levantó la cabeza. Era una señora mayor con un enorme sombrero de paja y un vestido de colores brillantes.

—Está bien, Mike —le dijo sonriendo— todo va a salir bien. Ronnie está herido pero no se va a morir.

A Mike no se le ocurrió preguntarle cómo sabía su nombre.

—Debes estar agotado. ¿Por qué no vienes a mi casa? —le preguntó, señalando una casa en el risco—. Te daré unas galletitas y una limonada. Te sentirás mejor.

Como todos los padres, los nuestros nos habían enseñado a no hablar con extraños, no ir a la casa de alguien a quien no conociéramos y, sobre todo, no subir al auto de ningún desconocido. Pero Mike dijo:

—Nunca me dio la sensación que fuera una extraña. Conocía nuestros nombres.

Mike no se acuerda cómo era la casa de la señora; lo que sí recuerda es que se sentó a la mesa con ella y le sirvió las galletitas y la limonada que le había ofrecido sin dejar de hablarle en un tono consolador.

—Ronnie se rompió el cuello —le informó—. Va a quedar paralítico pero no se va a morir. Va a vivir y tú lo verás, Mike. Dios se va a glorificar en la vida de Ronnie.

Mike no sabe cuánto tiempo estuvo sentado a la mesa de la señora. Lo único que sabe es que un tiempo después volvió a bajar los escalones a la playa sintiéndose reconfortado. Un sentimiento de paz se había sobrepuesto a su ansiedad.

El accidente había ocurrido antes del mediodía y Mike estuvo solo en la playa hasta la tarde, tal vez, como hasta las cuatro.

Volvió a escuchar que lo llamaban. Eran Annette y su mamá que lo venían a buscar.

Nunca supimos quién protegió a Mike aquel día. Algunos insisten en que fue un sueño. Pero a Mike no le preocupan las teorías acerca de la identidad de la señora. Él la llama, simplemente, "el ángel".

7   La pesadilla

El sueño parecía muy real. Una enfermera estaba parada al lado de mi cama, desenvolviendo una aguja. Sin hablarme ni mirarme a la cara, trabajó seria y rápidamente, conectando la aguja al tubo y sujetándola. Cuando bajó la mano para hacer algo en la bandeja, ya no pude ver lo que hacía.

Me palpitaba el corazón. Quería dar vuelta a la cabeza para mirar, pero parecía que la tenía metida en un bloque. Solamente podía mover los labios y los ojos, pero mi boca parecía no tener coordinación con mi cerebro. Cuando intenté hablar, las palabras me salieron lentas y balbucientes, como en una grabación lenta.

¿Qué estaba haciendo?

En el pasado, me había sentido orgulloso de no tener miedo en las competencias; un verdadero muchacho rudo que nunca demostró dolor. Cuando me abatían con un *tacke* jugando al fútbol, o me tiraban a la lona en una lucha, me levantaba sonriendo e insistiendo en que no me había dolido. Pero los pinchazos... ¡eso era diferente! Con sólo ver una aguja quedaba helado; mi corazón latía aceleradamente y todo mi cuerpo sudaba frío.

¡Qué bebé! —me regañaba a mí mismo—. *Te tira al suelo un gorila de más de 200 libras en el campo de fútbol y te lo sacas de encima, y ahora te portas como un afeminado ante una simple agujita!*

Mientras seguía mi sueño, escuché que se abría un paquete y sentí olor a alcohol. Podía ver con los ojos casi cerrados que el brazo de la enfermera se sacudía como si estuviera frotando algo. Sentí olor a alcohol pero no le pude ver las manos y no sentí nada, por lo que, obviamente, no me estaba pinchando el brazo. *¿Qué estaba haciendo?*

Levantó la aguja y sacó un plástico. Mi corazón palpitaba de manera conocida y una gota de transpiración me entró en el ojo cuando ella se inclinó, y la aguja desaparecía de mi vista. *Ahí viene* —pensé—, mordiéndome el labio y esperando el pinchazo.

Nada.

La enfermera tomó un rollo de cinta adhesiva y cortó dos pedazos y siguió haciendo algo fuera del alcance de mi vista. Finalmente, sentí ruido de papeles y ella me miró.

—Ya está. Todo listo —dijo sonriendo levemente antes de alejarse.

—¡Espere! —le dije, pero no me escuchó... o no me pudo entender.

Esto es un sueño ¿verdad? —Comenzó una conversación en mi mente—. *Claro que es un sueño. Si hubiese sucedido de verdad, habría sentido el alcohol frío en mi brazo y hubiera sentido el pinchazo. Hubiese podido girar la cabeza y ver lo que ella estaba haciendo. Es sólo un sueño. Un sueño, nada más. Eso es, amigo. Todo lo que tienes que hacer es despertarte y volverán a ser tus vacaciones de primavera. Estarás en California visitando a Annette. Tú y Mike estarán en la playa...*

Y de pronto me acordé.

La playa, el sol, el calor en mi espalda. La zambullida de cabeza. La sensación de huesos rotos en la nuca. La caída hasta el fondo del mar. La lucha por respirar. La desesperación por tomar aire. La cabeza de Mike al lado de la mía en las revueltas olas...

Desde mi interior salió un ruido. Medio grito, medio gemido, que llenó la habitación y retumbó en mis oídos. Instantáneamente, apareció un rostro femenino sobre mi cara. Otra enfermera apareció sobre mí. Tenía una bata verde de cirugía y un estetoscopio colgando del cuello.

—Ron —me dijo bondadosamente, tocándome la frente y sonriéndome a los ojos— ¿cómo te sientes?

—Aaaayyyyyy.

—¿Te duele la cabeza? —me preguntó, asintiendo como conociendo mi respuesta.

—S-í-i-i —el sonido salió de mí como el aire que se escapa de un globo.

—¿Recuerdas qué pasó?

—Estaba nadando... me golpeé la cabeza.

—Correcto. Te zambulliste en un banco de arena. Te rompiste algunos huesos del cuello. Estás en el hospital Huntington Beach.

Tenía un termómetro en la mano y estaba esperando que yo abriera la boca para ponerlo bajo mi lengua.

—Eres un joven afortunado —me dijo.

Yo lancé una mirada furiosa a ese rostro sonriente. *Afortunado. ¡Sí, afortunado!*

—Tienes *suerte* de estar *vivo* —me dijo, a pesar de leer mis pensamientos.

Me di cuenta de las suaves voces que había a mi alrededor. Pasos sobre las baldosas. Un llamado por altoparlante, llamando a un médico.

Cuando la enfermera retiró el termómetro, yo ya tenía lista mi pregunta.

—¿Por qué... por qué no puedo sentir nada?

Ella me tomó la mano sonriente; la levantó para que yo viese lo que estaba haciendo.

—No puedes sentir nada, Ron, porque tu cuerpo está paralizado.

Tardé un minuto en darme cuenta.

—¿Paralizado?

—Sí —me dijo con el mismo sereno tono de voz—. Tienes quebrado el cuello entre la segunda y la tercera vértebra cervical y se te dañó la columna.

Paralizado. La palabra repiqueteó en mi mente como una bala perdida.

—¿Y... eso que significa?

La voz de la enfermera era suave al contestar.

—En términos médicos, tienes *cuadriplegia*. Eso significa que estás paralizado del cuello para abajo.

Paralizado. No podía asimilar la palabra. Estaba *paralizado*... desde el cuello para abajo. Tenía que hacerle otra pregunta pero primero tenía que pedirle a Dios que me ayudara a formularla. *Por favor, Dios, no lo permitas...*

—¿Es *permanente*?

Ella me siguió mirando fijo, pero pareció como si una sombra empañara sus ojos al responder.

—Tendremos que esperar y ver, Ron... y esperar lo mejor.

¡No! ¡No! ¡No! ¡Yo no! Esto no me pasó a mí! Esto es un sueño, una pesadilla. ¡Dios, por favor! Por favor, despiértame. ¡Señor, despiértame! ¡No, no, no!

—¡Yo... yo... no... no puedo! —protesté—. ¿Quién va a llevar de vuelta a Oregón a mi hermanito? Tengo que jugar al fútbol para obtener una beca. *No puedo* quedar paralítico.

Exhausto, me detuve; estaba demasiado abrumado para seguir.

—Querido —me dijo suavemente la enfermera, tocándome la frente con la yema de los dedos y retirándome el cabello de la cara—. Tus padres están en camino; llegarán muy pronto. Tu hermano está bien. No te preocupes por nada ahora. Solamente concéntrate en reponerte. Eso es lo importante.

Cerré los ojos, cediendo a la oscuridad.

Un pensamiento sorpresivo apareció de repente en mi mente.

—¿Qué hora es? —pregunté.

—Pasada la medianoche —me contestó.

—¿Y la fecha? ¿Es 18 de marzo?

—Sí, hasta hace unos minutos era 18 de marzo. ¿Por qué?

No pude expresarlo enseguida. Las palabras se atoraron en mi garganta mientras me hundía en las profundidades de mi lamentable condición.

—Es mi cumpleaños —le dije mirando el cielo raso—. Acabo de cumplir dieciocho años.

8 Trauma y lágrimas

Aquella tarde, mamá estaba sola, lavando la ropa, cuando sonó el teléfono. Cerró la tapa de la lavadora de ropa antes de levantar el auricular.

—¿Señora Heagy? —preguntó una voz masculina.

—Sí.

—Soy el doctor Evans, del hospital intercomunitario Huntington Beach de California.

Instantáneamente, la invadió una oleada de terror.

—¿Quién? —preguntó mamá. Sostuvo el auricular pegado al oído con una mano y con la otra agarró una silla.

—Señora Heagy, lo siento. Su hijo tuvo un accidente.

—¿Cuál? —preguntó con el corazón palpitante.

—Ron —dijo el médico—. Está en este hospital.

—¿Y Mike? ¿Dónde está Mike?

—Hum... ¿Mike?

—Mi otro hijo, Mike... el menor.

—Oh, lo siento... no sabía que hubiera otro hijo suyo. No sé dónde está —dijo titubeante el médico; no estaba

49

preparado para esa pregunta—. Solamente trajeron a Ron acá.

—¿Cómo está? ¿Qué le pasó? ¿Está bien?...

El médico la interrumpió.

—Señora Heagy, lo siento, tengo que decirle que es serio.

Mamá sintió que el médico estaba tratando de darle la mala noticia lo más amablemente posible.

—¿Serio?

—Se accidentó haciendo *surf*. Se rompió el cuello.

—Oh... oh...

—Señora Heagy, necesitamos comenzar el tratamiento ahora mismo, pero precisamos su autorización firmada para hacerlo. ¿Por favor, podría mandarnos un cable?

Parecía como que la voz del médico se desvanecía siendo reemplazada por un ruido que le invadió a mamá la cabeza. Cerró los ojos, tratando de concentrarse.

—Sí... sí, todo lo que sea necesario... por supuesto —ella no tenía idea de cómo enviar un telegrama, pero eso no tenía importancia.

—Ronnie... ¿se va a recuperar?

—Señora Heagy, la situación es grave. Estamos haciendo todo lo posible y tengo confianza en que va a salir adelante. Pero, por el momento, no hay forma de que lo sepamos... le pediría que se prepare para lo peor, señora Heagy. Puede que su hijo no pase de esta noche. Está grave. ¿Usted y su esposo podrían venir lo antes posible? Lo tenemos bajo fuertes calmantes y estamos tratando de que esté lo más cómodo posible, pero aun así, está sufriendo mucho. Tiene dificultad para respirar —agregó el médico.

—¿No... puede respirar? —jadeó mamá.

—Necesitamos hacerle una traqueotomía y ponerle un ventilador —dijo el doctor Evans—. Pero, en lo posible, quisiera esperar hasta que ustedes llegaran. Eh... este, no les va a poder hablar después.

—Llegaremos lo antes posible —dijo mamá sofocando un sollozo al colgar. Inmediatamente marcó el número del molino.

No era común que papá recibiera llamadas personales en el trabajo. Cuando le dieron el mensaje para que llamara a casa, dejó inmediatamente lo que estaba haciendo y fue al teléfono, sintiendo un nudo en el estómago.

—Ronnie tuvo un accidente... está herido —dijo mamá en cuanto oyó su voz.

Papá fue en seguida para casa, orando incesantemente mientras manejaba. A mamá le habían hecho una histerectomía hacía unas pocas semanas y se estaba recuperando. Fue de prisa al ático del garaje en busca de la vieja valija; la arrastró escaleras abajo y la llenó de ropa para papá y para ella. Llamó a Pennie a la casa de la amiga e hizo los arreglos para que se quedara con ella hasta que volvieran.

—Mamá, ¿Ronnie se pondrá bien? —preguntó Pennie con voz temerosa.

—No sé, querida. No lo sé.

Hasta ese día, en el único avión que había volado mamá había sido uno pequeño, de un solo motor, en lo que se podría decir, un vuelo de placer... pero no lo fue. En circunstancias normales, hubiese estado aterrorizada hasta la muerte por tener que abordar un jet grande en Portland. Pero estas no eran circunstancias normales. El centro de su atención aquella noche, era el cuerpo quebrado de su hijo tendido en la cama de un hospital a miles de kilómetros de distancia.

Un amigo los llevó de Brownsville a Portland, a 140 kilómetros de distancia. Ya estaba oscuro cuando el avión carreteó en la pista, levantando vuelo en el cielo nublado con rumbo al sur. El vuelo duró un poco menos de dos horas.

—Es indescriptible como me sentí aquella noche —recordó después mamá. Diecisiete años después, las lágrimas

51

asoman a sus ojos con la misma facilidad con que lo hicieron aquella terrible noche rumbo a lo desconocido—. Nunca había estado en Los Ángeles, nunca había estado en un lugar tan grande —dijo—. Viniendo de un pueblo de seiscientos habitantes a una gran ciudad... era abrumador, y estábamos ambos tan asustados, tan temerosos por lo que le había pasado a Ronnie.

Los padres de Annette fueron al aeropuerto a buscar a mamá y papá y les brindaron amor y aliento a esta gente desconocida pero no les pudieron dar buenas noticias. Para resguardar mi seguridad el hospital no les había dado ninguna información.

Mental y físicamente exhaustos, mis padres llegaron al amanecer y se dirigieron directamente a la sala de terapia intensiva. La sala estaba separada con cortinas y en cada unidad había luces intermitentes, sonido de monitores, tubos y frascos. Mi cubículo se destacaba del resto porque yo estaba en un aparato que me mantenía el cuerpo estirado. Una pesa de 25 kilos estaba adosada a un aro de acero inoxidable fijado con clavos a mi cráneo para mantenerme el cuello rígido en su lugar.

Yo estaba tendido boca arriba o boca abajo en el armazón. Cada dos horas, las enfermeras me daban vuelta; ese procedimiento lo hicieron doce veces por día durante las siguientes cinco semanas y yo le tenía un miedo terrible. Primero, después de colocar mis brazos en posición para que no cayeran por la correa, las enfermeras colocaban un segundo armazón encima de mí y lo ataban firme al que me encontraba, dejándome en el medio. Entonces, mientras una enfermera sujetaba el peso de la pesa que me estiraba el cuello, la otra daba vuelta a la cama. Cada armazón tenía una abertura para la cara; por lo tanto, cuando yacía boca abajo, veía el suelo.

Afortunadamente, estaba de espaldas cuando papá y mamá llegaron. En la penumbra de la tranquila habitación, abrí los ojos y vi que mamá me sonreía con los ojos llenos de lágrimas.

—Hola, mamá —dije simplemente.

—¡Oh Ronnie! —susurró apretando los labios, conteniendo los sollozos—. ¡Oh Ronnie!

Puso cuidadosamente sus brazos al lado de los míos y me apoyó la mejilla mojada en la cara. Era una rara sensación; sabía que me estaba abrazando pero sólo podía sentir su suave rostro acariciando el mío.

—¿Cómo estás hijo? —di vuelta a los ojos y le sonreí a papá.

—Papá, lo siento; yo...

—Hijo, no tienes de qué disculparte. Sólo piensa en recuperarte —dijo mi padre suavemente, con su voz firme y fuerte—. Ronnie, estás en manos de Dios. Dios está aquí contigo, con todos nosotros. Él no se ha olvidado de ti. Él te ama y nosotros también. Todo va a salir bien.

Papá no era de los que demuestran sus emociones, pero sus ojos estaban inundados en lágrimas. Se agachó y me tocó la frente con la suya y luego me puso la mano en el pecho. Oró con su suave y acostumbrado tono de voz, profunda y serena. "Señor, gracias por permitirnos estar al lado de nuestro hijo. Gracias por Ronnie. Lo amamos, Señor, y sabemos que tú lo amas más. Por favor, quédate con él, querido Jesús. Dale valor y fortaleza para aceptar lo que tiene por delante. Sabemos que cuando confiamos en ti, todas las cosas ayudan para bien. Querido Señor, te pedimos que sanes las heridas de Ronnie, si es tu voluntad. Te lo pedimos a ti, el Gran Médico, en el nombre de Jesús. Amén".

Mamá me acarició la mejilla y me volvió a sonreír. Me sentía tan aliviado de tenerlos ahí. También mis ojos se llenaron de lágrimas.

—Mamá... duele. Duele mucho.

—Ya sé que te duele, Ronnie. Pero aguanta un poco. Ya pasará. Sé que pasará.

La cara mojada de mamá se convirtió en una amorosa sonrisa.

—Hijo, te queremos. Te queremos mucho.

Llamaron al médico en cuanto mis padres llegaron. Él los sacó al pasillo y les explicó lo que había que hacer.

—El diafragma y los pulmones de Ron están parcialmente paralizados —les dijo— por eso le cuesta tanto respirar. Tenemos que hacerle una traqueotomía, pero, como le dije por teléfono, no les puedo prometer nada. Está en una condición muy crítica; podemos perderlo. Pero, si tolera la operación y pasa la noche creo que sus posibilidades son buenas.

—¿Doctor, qué es exactamente una traqueotomía? —preguntó papá.

—Es una incisión en la tráquea que nos permite colocarle una máquina que lo ayude a respirar.

—¿Un respirador? —preguntó mamá—. ¿Lo van a poner en un respirador? ¿Una máquina que lo ayude a vivir?

—Sí, señora Heagy, eso es lo que necesitamos hacer. Está teniendo mucha dificultad para respirar por sí mismo; no estamos seguros de que pueda hacerlo. Será como un seguro de vida. Lo ayudará a respirar y a mantener los pulmones despejados mientras esperamos que su cuerpo se sane por sí mismo.

—¿Cuánto tiempo? —preguntó mamá.

El médico titubeó un momento antes de contestar con una sombría palabra.

—Indefinidamente.

9 Cuando todavía hay esperanza

Ocho días después, mamá me estaba masajeando los hombros, cuando pasó algo maravilloso.

—Ma —podía usar la voz cuando el respirador exhalaba por mí, por lo tanto, las palabras me salían en chorros y casi ininteligibles.

—Ma... sient...

—¿Qué dices, Ronnie? ¿Quieres algo?

—Sien... *siento*

—¿Puedes sentir? —me preguntó, poniendo la mano en mi pecho y mirándome emocionada.

—Sí-i-i-i.

En dos días, la sensación se había extendido y podía sentir hasta la mitad de la espalda. Yo estaba emocionado, mamá y papá exaltados y el médico reservado.

—Es un signo positivo —dijo asintiendo con la cabeza cuando le dije que podía sentir su mano en mi torso—. Como te dije, tenemos motivos para ser optimistas. Se dañó tu columna pero no gravemente. De haberse cortado no habría esperanza de que vuelvas a usar tus brazos y piernas. Debo advertirte que esta sensación puede que no dure. Y, aunque permanezca, eso no significa que vuelvas a caminar. Todavía no lo sabemos.

Doc, usted no me conoce —quise decirle—. *Esto es sólo el comienzo. En poco tiempo saldré caminando de acá. Tengo una vida por delante ¡y la cuadriplegia no está en mis planes!*

El próximo paso en mi tratamiento era una operación de fusión, en la cual se unirían las vértebras del cuello para que la cabeza y el cuello estuvieran estables. Pero primero tenía que estar bastante tiempo en tracción para que la columna se enderezara, los pulmones se limpiaran y me bajara la temperatura.

Un viernes, diez días después del accidente, el médico dijo que habían desaparecido todos los síntomas.

—Si el lunes en la mañana no tiene fiebre, procederemos con la cirugía —nos informó.

Yo esperaba ansiosamente tener fusionado el cuello, pensando que cuanto antes se acabara todo aquello, antes empezaría con mis planes para el futuro. Mi valentía duró hasta el domingo a medianoche. No podía dormir, mis pensamientos corrían velozmente.

Mamá y papá pasaron la primera semana en casa de los padres de Annette; luego, George y Nancy Christian los invitaron a quedarse con ellos. Vivían más cerca del hospital y su familia en Oregón asistía a nuestra iglesia en Brownsville. Estaban en casa de los Christian ese lunes en la madrugada cuando sonó el teléfono a las dos de la mañana, despertando a todo el mundo. Todos pensaron que me había pasado algo terrible. Mamá se sintió aliviada cuando escuchó decir a la enfermera:

—Señora Heagy, Ron quiere hablarle.

—¿Hablar? ¿Está hablando? —mamá todavía estaba medio dormida y un poco confusa. Durante dos semanas mi habla había sido casi indescifrable a causa del respirador. Lo que ella no sabía era que yo había convencido a la enfermera para que me cerrara la tráquea y tuviese el auricular cerca de mis labios.

—¿Mamá?

—Ronnie ¿estás bien?

—Estoy bien. Sólo que... quería decirte a ti y a papá que los quiero.

—¡Ah, Ronnie! Nos asustaste terriblemente llamando a esta hora. Querido, sabes que nosotros también te queremos. Te veremos en unas pocas horas y estaremos orando por ti. No te preocupes por la operación. Dios está contigo.

Habían pasado casi dos semanas desde que había hablado con mis padres. Y en aquella madrugada, sentí una urgente necesidad de decirles cuánto los quería y los apreciaba a ambos.

La cirugía llevó cinco horas. Finalmente, el médico salió del quirófano y entró a la sala de espera donde papá y mamá esperaban ansiosamente las noticias. Sonrió confiadamente.

—Bueno, señor y señora Heagy, pueden estar tranquilos. La operación fue un éxito —les dijo el médico—. Pudimos quitarle los huesos rotos y fusionar las vértebras. Eso será una gran diferencia para él.

Siguieron los largos días y un interminable ciclo de tratamientos, dolor y tranquilo aburrimiento, interrumpido solamente por las visitas y los actos solícitos de los miembros del plantel.

Varios pastores locales, al enterarse de mi accidente, fueron al hospital para orar con nosotros y para alentarme. De vez en cuando, aparecían algunos desconocidos. En una ocasión, vino un hombre casado con una talentosa flautista para que tocara para mí. Otro visitante dejó un sobre. Cuando papá lo abrió, encontró trescientos dólares y una concisa nota que decía: "para colaborar con los gastos".

Un día, Kathy, mi enfermera favorita, trajo a escondidas los *hámsteres* de su hija y me dijo con orgullo que a una de las crías le habían puesto mi nombre. También encontró la manera de poner un televisor chiquito debajo del armazón para que pudiese ver algunos deportes. (Después, mi tío Dave colgó un espejo encima del armazón para que se reflejara ahí también). Kathy también se hacía tiempo para sentarse al lado de mi cama a conversar o a leerme.

Después de pensarlo durante varias semanas, me armé de coraje y una mañana le hice la pregunta que venía rondando en mi cabeza desde mi llegada al hospital. A ella le costó un poco entender lo que le estaba tratando de preguntar. Cuando finalmente comprendió, sonrió amablemente y me dijo:

—No te preocupes, Ron. No has perdido tu virilidad, si a eso te refieres. Puedes tener relaciones sexuales y tener hijos. Muchos cuadripléjicos pueden —me palmeó el hombro con firmeza—. No quedarás impotente. Puedes producir esperma.

Cerré los ojos aliviado. Todavía podía soñar...

Animado con estos actos de bondad y esperanza después de la operación del cuello, esperábamos ver resultados espectaculares inmediatamente. En cambio, mi condición se deterioró. Estaba demasiado nauseabundo como para comer por lo que me alimentaban por vía intravenosa y estaba sedado la mayor parte del tiempo. Bajé de peso y me subió la temperatura. Se me hicieron úlceras en los talones y luego se infectaron. Varias veces los médicos intentaron quitarme el respirador, pero finalmente se dieron por vencidos. No podía respirar por mí mismo.

Mamá y papá hicieron todo lo posible para mantenerme animado. Escribieron versículos bíblicos que pegaron en el cielo raso y en el suelo para que los pudiese leer y memorizar en todo momento.

Al principio, uno de esos versículos me indignó. Era Hebreos 13:5-6: "No te desampararé, ni te dejaré; de manera que podamos decir confiadamente: El Señor es mi ayudador; no temeré lo que me pueda hacer el hombre".

Bien —pensé sarcásticamente—, *¿dónde estaba Dios cuando me rompí el cuello? ¡Me abandonó! Cuando lo necesité, Él no estuvo allí.* Luego pensé en Mike y cómo se había lanzado al mar para salvarme y me di cuenta que Dios *estuvo* allí.

Aun así, no podía dejar de pensar si valía la pena vivir. ¡Yo no quería vivir así! No pensaba que mi recuperación iba a ser tan larga y dolorosa. Cada mañana, cuando mis padres entraban a la habitación, parecían un poco más viejos, un poco más cansados que el día anterior. A pesar de sus entusiastas saludos y sus fervientes oraciones; más allá de sus sonrisas y su optimismo, yo sabía que estaban sufriendo tanto como yo.

El 2 de abril, mamá escribió en su diario:

> Sufro tanto por mi hijo. Señor ¿por qué tiene que sufrir tanto? Desearía ser yo en lugar de él... Hoy ha sido un día difícil para Ronnie. Cuando le estiraron los clavos que sujetan el aro, se quedó muy quieto pero las lágrimas le corrían por las mejillas. La enfermera dice que al final se acostumbrará a la presión que le produce el aro, pero a veces me pregunto cuánto más podrá tolerar...
>
> Al ver a Ronnie así, pienso en lo mucho que sufrió Jesús cuando le pusieron esa corona de espinas en la cabeza. El dolor debía ser terrible.

Y la pobre María debe haber sufrido también. ¡Ciertamente que lo sé! Sé lo indefensa que se debe haber sentido cuando clavaron a su hijo en la cruz al lado de los dos ladrones. Su hijo murió. Gracias a Dios, el mío todavía vive... Jesús prometió volver un día para llevarnos con Él. Desearía que fuese hoy...

Al día siguiente, en el diario de mamá se podía leer algo más optimista:

Anoche Ronnie movió las piernas. El médico dice que, probablemente, sea un acto reflejo; pero seguimos pensando que es una señal alentadora. Hoy movió un dedo del pie. ¡Hubiera gritado de alegría! ¿Quién hubiese pensado que me pudiese alegrar tanto porque mi hijo movía el dedo gordo del pie?
Gracias Señor por otro día.

10 Tormento y lágrimas

Annette me vino a visitar. Impávida al ver que yo estaba boca abajo en mi armazón, se tiró al suelo de espaldas, hasta quedar con la cara frente a la mía.

—¡Hola, Ron! —me saludó con su hermosa y alegre sonrisa—. ¿Cómo estás?

Mi corazón dio un brinco. Estaba tan contento de verla; tan feliz que hubiese venido. Me sentía abandonado por mis amigos, aun cuando *sabía* el motivo. Obviamente, era imposible que mis amigos de Oregón pudiesen ir para allá, aunque Karla había llamado y le había preguntado a mamá si podía venir. Yo le había dicho a mamá que le dijese que no; no hubiese soportado que me viese en esas condiciones. *Si viene y me ve así, dará una vuelta y no volverá más.*

No veía muchos chicos de mi edad; me visitaban personas mayores y no más de cinco minutos por hora, según las reglas de la unidad de terapia intensiva. Dottie, la enfermera a cargo, se hacía la distraída cuando alguien me venía a ver. Siempre y cuando no se quedaran mucho tiempo, ella era muy tolerante con mis visitas, comprendiendo cuán devastador era para mí el haberme accidentado estando tan lejos de casa.

Nancy y George Christian, quienes hospedaban a mis padres, y los padres de Annette venían con regularidad. Pero Annette y su hermano estaban en el colegio y trabajaban medio tiempo así que no podían venir a visitarme con mucha frecuencia. También me di cuenta que para Annette era difícil verme en esas condiciones, desvalido, con clavos en la cabeza y respirando por medio de un aparato conectado a mi garganta.

Por eso mismo, era que estaba tan ansioso de hablar con Annette aquel día. Me sentía solo y quería que supiera lo feliz que me hacían sus visitas. El animado monólogo de Annette siempre me levantaba el ánimo cuando me contaba las graciosas anécdotas de sus últimas aventuras y actividades, las cosas que veía en la playa o los chistes que escuchaba en el colegio.

Un día me recordó cuando nos escondimos detrás de un ómnibus en aquel entrenamiento en Florida. Como era nuestra última noche en el campamento, yo la había besado. Nos reímos —al menos, ella se rió y sonreí resollando por el respirador— al recordar que esa inofensiva escapada había terminado cuando uno de los instructores nos pescó y nos mandó a nuestras respectivas cabinas.

Cuando Annette recordó nuestro primer beso, le miré los labios preguntándome si alguna vez volvería a besar a una chica o a tomarla de la mano como lo había hecho con Annette.

Aquella mañana que me visitó, yo deseaba tanto que ella se volviera a reír y me contara historias divertidas. Mamá y papá se habían disculpado, retirándose a la cafetería del hospital "para dejarnos hablar solos", como había dicho mamá al salir de la habitación.

Como yo estaba boca abajo, Annette se tiró al suelo. Me di cuenta que estaba babeando y la saliva caía al suelo. Me sentí avergonzado, pero Annette tomó papel toalla, lo secó y siguió conversando.

—¡Ron, siento tanto que te haya pasado esto! —me dijo, tocándome la mejilla—. ¡Lo siento mucho! —hizo una pausa y luego agregó— bueno, me tengo que ir.

¡Espera! ¡Acabas de llegar! hubiese querido decirle. *No te vayas todavía. Quédate a conversar.* Pero ya se había ido.

Me quedé solo en la habitación. Las lágrimas caían al piso sobre el papel toalla mojado. Estaba atrapado; era un prisionero en una tumba de concreto incapaz de secarme mis propias lágrimas, rascarme si me picaba, sonarme la nariz o sacarme el pelo de la cara. Me sentía desvalido y frustrado, preguntándome cuándo —y si— esta pesadilla terminaría alguna vez.

Cada día era un nuevo tormento. Yo siempre había sido demasiado modesto, tanto, que mis amigos del colegio me hacían bromas. Cuando nos teníamos que pesar antes de una pelea, mis compañeros venían sólo con la piel puesta; pero yo no. Yo siempre me dejaba puestos los calzoncillos. Solamente una vez me los había sacado porque estaba excedido de peso para mi categoría y quería evitar esos pocos gramos.

En el hospital, el pudor era cosa del pasado, era la característica de la gente "normal". Ahí me encontraba a merced de los médicos y las enfermeras, la mayoría mujeres, *jóvenes* y atractivas, que me bañaban, me cambiaban la bata, me cambiaban el catéter urinario, me masajeaban los débiles músculos y me lavaban después de bochornosos accidentes. Cada experiencia me hacía sentir herido y humillado. A pesar de no poder *sentir* o ver lo que me hacían, *sabía* que me lo hacían. Y, a pesar de sentirme mejor después de cada tratamiento o cambio, empezaba a sentirme aterrorizado unas cuantas horas antes que vinieran.

Lo más bochornoso pasó cuando una enfermera, para enseñarle a sus jóvenes estudiantes de manera práctica, me eligió a mí como modelo masculino para que las estudiantes aprendieran a colocar un catéter urinario.

Mamá y papá se habían ido a almorzar cuando el grupo irrumpió en mi cuarto de terapia intensiva y rodearon mi armazón. Al ver que yo movía mis ojos alrededor tratando de averiguar el motivo de su presencia allí, la instructora se paró al lado de mi cama y se presentó en voz muy alta, como si yo hubiese perdido la audición.

—Señor Heagy, estas son estudiantes de enfermería —explicó alegremente— y deseo ponerlas al tanto de su caso. ¿Está bien?

Yo pensé que ella les contaría mi historia, simplemente; y, aunque yo hubiese querido protestar, no pude decir nada con el respirador silbando. Abrí los ojos desmesuradamente, aterrado cuando me quitó la sábana y me levantó la bata decidida a dar una clase detallada de mi cuerpo paralizado. Me puse colorado de vergüenza cuando la escuché explicando como funcionaba el catéter. Luego, mirando la cartilla, dijo:

—Me parece que es hora de cambiarlo. Voy a buscar uno y ya vuelvo; esta será una buena oportunidad de aprender para ustedes.

Yo estaba totalmente expuesto ante las estudiantes, cerrando fuerte los ojos para contener las lágrimas de humillación que asomaban a mis ojos, mientras el respirador subía y bajaba mi pecho rítmicamente. La instructora volvió y supervisó a un par de estudiantes que luchaban por sacar el catéter viejo y reemplazarlo por uno nuevo.

Eso fue más de lo que yo podia tolerar. Lo único que quería era salir corriendo o, al menos, decirle a la instructora que terminara con aquello; pero todo lo que podía hacer era seguir tendido allí, mirando en silencio el cielo raso, deseando desaparecer.

Cuando papá regresó como una hora después, yo todavía tenía la cara colorada. Le tomó tiempo entender lo que le quería decir y de no haber sido por Kathy, una de mis enfermeras favoritas, que ayudó a interpretarme, hubiera sido en vano. Finalmente, cuando entendió lo ocurrido, se enojó tanto como yo. Salió de prisa de la habitación en busca de la instructora. Le dijo de manera no muy diplomática que no se volviera a repetir. Evidentemente, entendió; jamás volví a verla, ni a ella ni a sus estudiantes.

De la misma manera en que sufría la humillación del tratamiento, el dolor era cada vez más intolerable. Cada vez que me tenían que ajustar los clavos del aro de la cabeza, la presión me ocasionaba un dolor indecible. Para compensar la presión y aliviar la agonía, apretaba tanto las mandíbulas que se me quedaban trabadas y el médico me las tenía que separar.

También me dolían terriblemente los oídos. A los médicos les llevó varios días darse cuenta que la ola que me había arrastrado hasta el fondo del mar, me había llenado de arena el conducto auditivo, produciendo cera y humedad. Ese bloqueo me impedía escuchar bien y me daba mucho dolor. A pesar de que un especialista me limpió el conducto, me seguía doliendo la mandíbula y los hombros.

Otro problema era el ruido en la unidad de terapia intensiva. A veces era extremadamente silenciosa, excepto por el sonido persistente de los monitores y el *jush, jush* del respirador. Otras veces, los doloridos pacientes se quejaban y hasta gritaban. Una noche, trajeron un hombre ebrio a la unidad que gemía y gritaba por haber sido atropellado por un camión. Las enfermeras me dijeron que tenía múltiples fracturas y horas después tuvo *delirium trémens*. Yo quería taparme los oídos con las manos y gritar con aquel pobre hombre sufriente, pero todo lo que pude hacer fue estar tendido en la oscuridad y escuchar.

Me sentía frustrado por tener que depender de los demás. Una mañana, cuando las enfermeras estaban dando vuelta al armazón, los cables del monitor se engancharon impidiendo que se pudiese asegurar bien antes de darme vuelta a mí. Cuando empezaron a dar vuelta al armazón, las dos plataformas se separaron y yo me deslicé hasta el borde.

Me sentí muy desvalido. Darme cuenta que me caía y ser totalmente incapaz de extender una mano para agarrarme de algo. Lo único que pude hacer fue lanzar un veloz SOS: *por favor, Señor ¡ayúdame!* Las enfermeras se dieron cuenta inmediatamente de lo que ocurría e impidieron que me estrellara la cabeza contra el suelo. Después de esa traumática experiencia, me ponía nervioso cada vez que me daban vuelta.

Otro temor crónico comenzó durante una terrible tormenta que ocasionó que la electricidad se fuera repetidas veces. Cada vez que se cortaba, mi respirador se detenía por un momento emitiendo un sonido electrónico hasta que el generador del hospital empezaba a funcionar y arrancaban de nuevo las máquinas. Las enfermeras me aseguraban que el generador *siempre* arrancaba cuando se iba la corriente, pero era imposible no asustarse cada vez que el respirador se paraba por uno o dos segundos. Un par de veces también se paró debido a mal funcionamiento. Sin poder hablar ni gritar para pedir ayuda, mi cuerpo transpiraba frío y mi corazón palpitaba aceleradamente como si hubiese corrido un kilómetro y medio, hasta que, al oír el sonido electrónico del monitor, las enfermeras venían corriendo para hacerlo arrancar de nuevo.

Lo que me decían, tenía sentido:

—Cuando te asustas, el corazón se acelera y necesitas más aire.

Kathy me dijo: —Si te quedas tranquilo, tu corazón late despacio y evitas un montón de problemas. Ron, confía en nosotras. Vendremos a atenderte. No te vamos a dejar. Mamá también me había dado un buen consejo.

—Ron, cuando se pare el respirador, no te asustes. No te preocupes si las enfermeras vienen. Concéntrate en Dios. Tranquilízate con su Palabra. En vez de tratar de levantar la cabeza para ver si vienen las enfermeras, cierra los ojos e imagínate a *Jesús* viniendo en tu ayuda, trayendo consigo a las enfermeras. Llénate de su paz; piensa en el salmo que dice: "Estad quietos y ved la salvación del Señor".

—Tienes razón, mamá. Lo he pensado y he decidido seguir tu consejo —le dije sonriendo—. Haré todo lo posible por "estar quieto" acostado aquí. ¡Cómo si hubiese podido hacer otra cosa!

Cuando parecía estar venciendo alguno de mis temores y aprendiendo a manejar el dolor, una mañana me enfermé seriamente. Las enfermeras acababan de ponerme de espaldas y papá no estaba para interpretarme así que no les pude hacer entender que me sentía muy nauseabundo. Me atoré y me sofoqué.*¿No se dan cuenta que estoy a punto de estallar como el monte Santa Helena?*

Cuando la enfermera estaba por irse, empecé a vomitar. Inmediatamente pidió ayuda, me dio vuelta y llamó a un médico.

—Tiene razón —lo escuché decir rápidamente después de revisarme— es sangre. Será mejor que lo revise un gastroenterólogo.

A los treinta minutos, un especialista me estaba pasando un tubo por las fosas nasales, bajando a la garganta.

—Ron, traga. Vamos. Tú puedes —me animó el doctor, mientras yo tragaba y resollaba. El tubo que me estaba pasando no era más grueso que una pajita, pero yo lo sentía como una manguera de jardín. Como si leyera mis pensamientos, me lo mostró.

—¿Ves, Ron? Es un tubito. Sigue tratando. Esto nos ayudará a determinar si el problema es una úlcera. Traga con ganas. Tú puedes. Ron, has perdido mucha sangre y necesitas una transfusión. Pero el hospital no tiene tu tipo de sangre en este momento. Hemos pedido a un banco en San Francisco, pero va a demorar un tiempo. ¡Aguanta un poco!

Me bombearon el estómago —otro procedimiento doloroso— y me cauterizaron la úlcera con una solución salina.

—Mantén los dedos cruzados —me dijo el médico una vez finalizado el doloroso tratamiento—, si esto da resultado, no será necesario operarte.

Solamente una palabra había quedado en mi mente. *¿Cirugía? ¡Oh, no! ¡Otra vez, no! ¡No resistiría otra operación!*

El tubo quedó en su sitio varios días, lastimándome la nariz y la garganta. *Ahora mi desgracia es completa* —pensé una noche—. *Ya no es posible sufrir más. No me puedo mover, no puedo hablar. No sé cuánto tiempo más podré aguantar el dolor en la nariz y la garganta. Señor, por favor. ¡Por favor, ayúdame!*

¡Cómo deseaba arrancarme ese tubo y tirarlo al suelo! Era otro elemento en la larga lista de cosas que quería hacer... pero no podía.

Fue en esa época que mamá escribió en su diario:

> Cuando llegamos al hospital esta mañana, Ronnie estaba mal. Necesitaba más sangre y, a Dios gracias, había disponible. Después de hacerle dos transfusiones, pareció repuntar y que la crisis había pasado. Pobrecito. Está adelgazando tanto. Siempre me pregunto qué estará pensando cuando mira el cielo

raso y el piso, alternadamente. Si pudiera hablar y decirnos lo que piensa.

Cada vez que tenía una crisis, me daban drogas que me hacían tener horribles alucinaciones que me aterrorizaban. Alguien me perseguía. Veía arañas y otras criaturas viles caminando por mi cabeza y me desesperaba por espantarlas. Pero mis brazos inmóviles se negaban a moverse. Corría escaleras arriba por una escalera interminable tratando de huir de un terror desconocido. Al llegar arriba podía ver una luz brillante y una puerta abierta. Abajo sólo había oscuridad. Yo luchaba por subir, por llegar a la puerta abierta, pero la borrosa figura me quería arrastrar hacia abajo, abajo... hacia la oscuridad de abajo. Las mismas alucinaciones me perseguían constantemente.

En una de esas pesadillas, yo estaba en el Teen Mission en Brasil, durmiendo en mi hamaca. Uno de mis compañeros gritaba: "¡Eh, Ron! Toma la linterna. Esta noche te toca a ti matar las cucarachas". Yo tanteaba a mi alrededor, sin levantarme, hasta encontrar la linterna y la encendía. Entonces, justo sobre mi cabeza, veía la tarántula más grande y siniestra que jamás había visto y me miraba con ojos negros penetrantes. Luchaba por salir de la hamaca ¡pero no podía mover las piernas! Intenté cubrirme la cara con un brazo. ¡Tampoco podía mover el brazo! Me palpitaba el corazón. *¡No puedo moverme! ¡No puedo salir!*

Las alucinaciones fueron desapareciendo a medida que sanó mi úlcera y me bajaron la dosis de medicamentos. Finalmente, llegó el día en que los médicos dijeron que podía empezar a comer de nuevo en vez de ser alimentado por el tubo. Inmediatamente me imaginé un buen plato de carne con papas fritas, pero cuando Kathy me trajo la bandeja al mediodía, todo lo que había era una taza de caldo aguado y una magra porción de gelatina. Se me fue el apetito inmediatamente.

—Lo siento, Ron. Hoy no habrá carne con papas. Tienes que empezar a comer algo fácil de digerir. Todavía tu estómago no puede cargarse con comida sólida.

Metió la cuchara en el desabrido caldo y me la puso en la boca. Me forcé a tragar, pensando que sabría igual a como olía. La gelatina verde fue más fácil de tragar. Kathy me dio una palmada de estímulo antes de retirar la bandeja para irse.

—Sé que esto no fue muy apetitoso, pero hay que empezar despacio. Aguanta un poquito y comerás algo mejor —me dijo.

A los veinte minutos me empezó la conocida sensación de náuseas. *Traga, Ron* —me decía a mí mismo—. *No vomites o te volverán a colocar el tubo en la garganta.*

¡Y de pronto, me vino! Al ratito vino el médico con el odiado tubo en la mano.

—Ron, lo siento. Tendremos que mirar. Esta vez será más fácil. Ya verás.

No fue más fácil. El tubo parecía muy grueso al pasar por la garganta y llegar al estómago. Lo que encontraron fue más desalentador aún: la úlcera no se había curado. Comenzó de nuevo la hemorragia; esta vez, peor. Siguieron las transfusiones, trayendo más sangre de San Francisco, hasta que, finalmente, pareció que todo estaba bajo control.

Aunque mis padres trataban de no demostrarlo, me di cuenta que estaban desanimados. Noté la fatiga en los vencidos hombros de papá y sentí el temor escondido en los enrojecidos ojos de mamá. Ella se dedicó por entero a cuidarme, bañarme, hablarme y leerme y hasta aprendió a aspirar el tubo de mi tráquea. Sé que ella sufría cada punzada de dolor que invadía mi cuerpo; ella compartía mi frustración y mi desesperación. Debido a ello, intenté ocultar mi sufrimiento y desánimo delante de ella y me volqué a papá cuando necesitaba ventilar mis sentimientos.

Sabía que papá tenía que volver a casa, pero detestaba pensar que se iría. Tanto mamá como yo lo necesitábamos en el hospital, aunque sabíamos que si ponía en peligro su trabajo, perderíamos el seguro que pagaba mis cuentas médicas. Era un círculo vicioso.

Unos días después, Annette estaba tirada en el suelo, debajo de mi armazón, leyéndome cuando de pronto se detuvo y me miró a la cara.

—¿Qué pasa? —me preguntó, sintiendo que había un problema.

Algunas veces antes le había pedido que se sacara los anteojos. Annette tenía ojos muy bonitos y me gustaba vérselos. Pensando que me animaría un poco, se sacó los anteojos. Extendió el brazo y me tocó la mejilla. Sentí su calidez y suavidad.

—Ron, eres un gran muchacho.

Antes de poder agregar algo más, se me dieron vuelta los ojos. Aterrorizada, pegó un grito llamando a las enfermeras, se levantó del suelo y salió corriendo hacia la sala de espera para buscar a mis padres.

Cuando mamá y papá entraron a la unidad de terapia intensiva, los amplificadores anunciaban: Código azul. Terapia intensiva. Código azul. Terapia intensiva. Apagados pasos los siguieron por el pasillo mientras el equipo de emergencia abrió las cortinas de mi cubículo, donde las enfermeras ya me estaban dando los primeros auxilios. Un médico me abrió en seguida la yugular para hacer una transfusión y me llevaron al quirófano, seguido por mis padres que iban trotando atrás de la camilla empujada velozmente por el equipo de auxilio.

Durante la cirugía se me volvió a parar el corazón y, una vez más, el equipo médico me trajo del borde de la muerte. Cuando me desperté, recordé un poderoso sueño... ¿o fue algo más? Me encontraba vagando por un hermoso lugar; era un espíritu sin cuerpo, pero tenía algo así como ojos, boca y una mente consciente. Me daba cuenta que, por primera vez desde el accidente, no sentía dolor. Me desplazaba en un estado de eufórico contentamiento y escuchaba voces conocidas a lo lejos, pensando excitado que una de esas voces era la de mi abuelo Heagy que había muerto hacía unos años.

Entonces, me desperté, dándome cuenta lentamente que las voces conocidas eran las de mis padres. Papá estaba parado al lado de mi cama leyendo la Biblia. Recuerdo el primer versículo que escuché cuando, lentamente, fui emergiendo de la oscuridad. "El cual nos consuela en todas nuestras tribulaciones"...

Al llegar a la quinta semana de mi estadía en terapia intensiva, pude sentir la presión que les causaba a mis padres. Ya habían tenido que pedir dinero prestado para capear la crisis. Papá tenía que volver al trabajo si quería conservarlo y mamá no se quería quedar sola en California.

Finalmente, los médicos les dijeron que podrían transportarme en una ambulancia aérea a la unidad de rehabilitación del hospital "El Buen Samaritano", en Portland. Estábamos todos contentos de volver a Oregón, pero todavía había que resolver algunos problemas. Por empezar, el avión costaría más de cinco mil dólares. Vi acentuarse las huellas en el rostro de papá cuando los asistentes sociales que nos estaban ayudando a hacer los arreglos le calcularon los gastos.

Pero pasó algo maravilloso. Un paciente de Portland tenía que ser trasladado a Los Ángeles. ¡Podíamos compartir los gastos del avión! Pero sucedió algo aún *más* grandioso. Comenzaron a llegar donaciones. Cuando llegó el momento de partir, había más de tres mil dólares en contribuciones de amigos y desconocidos en un fondo que se había abierto a mi nombre.

El día anterior a nuestra partida, mamá me lavó la cabeza con champú y me afeitó al ras. Me reí al pensar que acostumbraba darme una ducha dos veces al día y que hacía cinco semanas que no me bañaba.

Mamá sonreía al peinarme.

—Estás muy buen mozo —me dijo—. Toma. Mírate.

Cuando me puso el espejo delante de la cara, el flaco que me devolvió la mirada me resultó vagamente conocido. Tenía la piel blanca, las mejillas hundidas y mis ojos estaban opacos aunque sonriera. Había perdido más de veinticinco kilos y junto con ellos, el placer de vivir que emanaba de mi espíritu.

Cuando Annette vino a despedirse, yo deseaba que me besara, pero no lo hizo. Palmeándome el hombro, me sonrió alegremente y me dijo:

—Que tengas buen viaje, Ron. Cuando terminen las clases te voy a ir a visitar a Oregón ¿de acuerdo?

La miré tratando de encontrar en su rostro algo más que una señal de amistad. Quería decirle tantas cosas, agradecerle por haber estado a mi lado en semejante pesadilla y decirle que cuando fuera a Oregón yo iba a estar en pie. Pero con la ruidosa competencia que me hacía el respirador, sólo pude pronunciar una palabra:

—¿Prometido? —le pregunté un poco desesperado.

Annette me apretó el hombro y sonrió.

—No coquetees con las lindas enfermeras del Buen Samaritano —dijo encaminándose a la puerta.

Papá también se despidió... pero sólo por uno o dos días. A las 3 y media de la mañana del día anterior a nuestra partida de Los Ángeles, se subió al "escarabajo colorado" que todavía tenía los guardabarros abollados y la tapa del baúl atada con una cuerda y partió rumbo a casa.

Los miembros del plantel vinieron a despedirse. Mamá y papá les habían dado Biblias a muchos de ellos durante mi estadía y muchos habían respondido con entusiasmo. Inspirados por el poderoso ejemplo de fe y confianza de mis padres aun en medio de la adversidad, algunos se habían hecho creyentes o habían renovado su compromiso cristiano. A pesar de estar ansiosos por irnos, hubo lágrimas aquel día al agradecerle a la gente cuyas vidas estaban tan unidas a las nuestras.

Al despedirnos, me dije a mí mismo que algún día volvería a visitar a estos amigos. Me imaginaba abriendo las puertas de la unidad de terapia intensiva con mis fuertes brazos, dando un firme paso adelante, parado sobre mis dos piernas.

11 Una voz en la oscuridad

Una de las primeras cosas que aprendí en el hospital del Buen Samaritano de Portland es que una cama circular era peor que el armazón. El armazón permitía que pudiesen dar vuelta al paciente mientras que la cama circular giraba como una rueda y el paciente era colocado en posición vertical, como si estuviera parado, antes de ponerlo boca abajo o boca arriba. Debido a las largas semanas pasadas en cama, mi corazón se había acostumbrado a la posición horizontal. En cuanto la cama circular me levantaba la cabeza, la sangre se me iba para abajo y me desmayaba. Después, invariablemente, me dolía la cabeza.

Otro problema era que, obviamente, la cama estaba diseñada para personas de menos de 1,80 de altura. Cada vez que la cama giraba, mi pie tocaba el suelo, calentando el mecanismo... y la paciencia de la enfermera.

Papá había vuelto a su trabajo en Brownsville, a 120 kilómetros de distancia, pero mamá se quedaba diez o doce horas conmigo, masajeándome los músculos y haciéndome compañía. De noche, dormía algunas horas en casa de su hermano que vivía en Portland.

Los fines de semana, papá, Mike y Pennie venían de Brownsville a darle una mano a mamá. Papá trataba de disimular sus temores por los gastos médicos, pero yo sabía que las cosas se estaban poniendo peor. *Algún día, cuando ya esté bien y jugando fútbol profesional, se los voy a recompensar.*

Ahora que estaba cerca de casa, esperaba recibir la visita de mis amigos. Brian, mi primo favorito que vivía en Portland, iba varias veces por semana, pero para otros, lo delicado —y, para ellos, lo desesperado— de la situación era demasiado. Mi mejor amigo, un muchacho que había sido mi compañero durante varios años, vino sólo una vez. Yo ansiaba que viniera y le tenía una lista de cosas que quería que me contara desde las vacaciones. Pero desde el momento en que vi su cara, sentí el rechazo. Miraba para otro lado, incómodo evitando mirarme a los ojos.

Cuando le hice algunas preguntas sobre el colegio y los amigos comunes, le costó un buen rato entenderme y me contestó parco y forzado. Ese día, al salir de la habitación salió también de mi vida.

Por otro lado, Karla se puso tan contenta de verme que me abrazó y lloró de alegría.

—¡Oh, Ron! Estaba tan preocupada por ti. Todos estuvimos orando, en el colegio y en la iglesia. Te extrañamos mucho.

Hubiese querido tomarle la mano y decirle que las cosas volverían a la normalidad. Hubiese querido pasarle los dedos por su largo cabello rubio y sentirla cerca de mí, moviéndonos al compás de la música en un concierto. *Algún día* —me prometí a mí mismo.

El próximo paso en mi determinado trayecto hacia la recuperación era sacarme el respirador para poder pasar a la unidad de rehabilitación. Pero parecía imposible. Cuando el técnico lo interrumpía por tres minutos, me sofocaba. Cada inspiración era un tremendo esfuerzo, era una lucha incorporar aire en mis pulmones y luego exhalarlo. Tenía miedo de dormirme, temor de morir simplemente por olvidarme de respirar. A causa del estrés me subió la temperatura.

Al admitir mi derrota, el especialista pulmonar se quedó un rato parado al lado de mi cama. Luego dijo, lo más amablemente que pudo:

—Ron, no es tu culpa. Sé que lo estás intentando. Lo que pasa es que tus pulmones están parcialmente paralizados. No puedes inhalar por ti mismo el aire suficiente para inflar los lóbulos inferiores; como consecuencia, tu sangre no se oxigena bien. Necesitas ese respirador.

—¿Qué nos quiere decir? —la expresión de papá era solemne y dura.

—Señor Heagy, él necesita el respirador. No sé si es una buena idea que se lo quiera sacar.

—¿Usted está diciendo que va a depender de una máquina el resto de su vida? —preguntó papá.

El médico se humedeció los labios y respondió rápidamente.

—Me temo que sí.

La habitación quedó en silencio, a excepción del *jushhh* del vital —pero odiado— respirador. Papá tragó con dificultad. Las lágrimas corrían por el rostro de mamá.

—Sé que esto no es lo que querían escuchar —continuó diciendo el médico—. Existen ventiladores portátiles que son livianos y muy efectivos. Se pueden adosar a una silla de ruedas.

Miré al médico a los ojos y musité una respuesta.

—Señor... yo... quis...

Papá me apretó el hombro y me sonrió antes de mirar al médico para interpretar mis palabras.

—Doc, Ron todavía no va a darse por vencido. Quiere intentarlo una vez más.

—Ron, tus pulmones están *paralizados*. No es cuestión que *quieras* hacerlo. Tu cuerpo no *puede* hacerlo. Sin ayuda, tendrás serios problemas —hizo una pausa para estar seguro que yo lo estaba escuchando atentamente—. Ron, hasta podrías morirte.

Papá me miró fijo. —Hijo, ¿entiendes?

Cerré los ojos y asentí con la cabeza, muy débilmente.

—Señor Heagy, usted comprende ¿verdad? El hospital no se hace responsable por lo que pudiera ocurrir.

—Entendemos. Le firmaré todos los papeles que necesite.

Mamá sonrió y me palmeó la mano.

—No te preocupes, Ronnie. Yo estaré de día contigo y encenderemos el respirador en la noche hasta que tus pulmones estén lo suficientemente fortalecidos como para funcionar por sí mismos.

Eso fue exactamente lo que hicimos... una inspiración por vez, hasta que nos deshicimos por completo del respirador y se me cerró el agujero de la garganta.

¡Fue maravilloso poder volver a hablar! Después de dos meses de balbuceos ininteligibles, finalmente podía expresar todos los pensamientos que se agolpaban en mi mente. El fin de semana anterior a que me deshiciera para siempre del respirador, Pennie, Mike y yo habíamos tenido una larga tertulia, conversando, riendo y haciendo chistes durante horas.

Cuando ya estaban por irse el domingo en la noche, Pennie me abrazó.

—Daría cualquier cosa por verte bien, Ron —me dijo—. Mike y yo te extrañamos mucho. Queremos que vuelvas a casa.

78

—Será antes de lo que te imaginas, nena. Sacarme el respirador fue el primer milagro. Dios también me va a sanar el resto. Espera y lo verás.

Pennie me miró y sonrió.

—¿Vas a venir a verme jugar al fútbol cuando esté en el NFL? —le pregunté.

Se le iluminó el rostro. —Tonto —dijo, moviendo la cabeza.

—No, en serio, Pennie. No voy a estar en este estúpido aparato para siempre. En cuanto me lleven a rehabilitación y pueda volver a hacer ejercicios, volveré a tener músculos. Ya verás. Me voy a poner bien.

—Bueno, siendo así, claro que voy a ir a verte jugar, Ron.

—¡Yo también! —Mike hizo oír su voz.

—¡Eh, jovencito! Tengo algo más que decirte —vociferé.

—¿Sí? ¿Qué? —preguntó cauteloso.

Le sonreí. —Gracias, amigo. Gracias por salvarme la vida.

Mike sonrió tímidamente. —Ah, yo no fui, Ron. Fue Dios. Yo solo lo ayudé.

—Lo sé, Mike. Me estoy empezando a dar cuenta que Dios estuvo todo el tiempo conmigo —hice una pausa y le volví a sonreír—. ¡Me alegro que estuvieras ahí cuando te necesité!

El próximo logro fue pasarme a una cama normal. Eso sucedió el día en que finalmente me quitaron el aro —y la presión— de la cabeza. Fue como ser liberado de la cárcel. Aunque me sujetaban la cabeza con bolsas de arena, la podía mover ligeramente, y eso era una gran alegría.

Esa misma tarde vino a verme un psicólogo para ver si ya estaba mentalmente preparado para la primera fase de la rehabilitación.

—¿Cómo estás, Ron? —me preguntó.

—Mucho mejor, gracias.

—Bien. Me alegra escucharlo. ¿Estás deprimido?

—No. ¿Tendría que estarlo?

Me miró inquisitivamente. —La mayoría de los pacientes están... —el médico carraspeó y volvió a armar la pregunta—. Después de todo lo que has pasado, pensé que estarías un poco desanimado.

Él no estaba preparado para mi respuesta.

—Por supuesto que no fue divertido. ¡De ninguna manera! Pero soy cristiano, doctor, y creo que Dios está en control de mi vida. Sin Su ayuda, todavía estaría viviendo con la ayuda de un aparato. Él me está ayudando a salir de esto. Y va a estar conmigo todo el trayecto.

Mamá me miró. Me hizo un guiño y pude leer sus pensamientos: *buena respuesta.*

A la mañana siguiente me llevaron al sexto piso y comenzó mi terapia. El progreso era lento. Después de meses de estar inactivo los músculos y tendones del cuello estaban muy débiles para soportar el peso de la cabeza. Fortalecerlos sería un proceso doloroso y largo. Todos los días la terapeuta me masajeaba el cuello antes de mover lentamente mi cabeza.

—Primero tenemos que masajear los músculos contraídos —me explicó.

—No se preocupe si me hace doler —le dije— puedo soportar el duro tratamiento. Era luchador, ¿sabe? —no quería que ella pensara que siempre había tenido los músculos flojos y los bracitos como agujas.

Se rió. —Ron, sé paciente. No queremos dañar la fusión. Estos músculos y tendones tienen que estirarse y volver a reconstruirse gradualmente.

—¿En cuánto tiempo podré sentarme en una silla de ruedas? —le pregunté como si no la hubiese oído.

Ella siguió masajeándome el cuello y no me contestó enseguida.

—¡Veo que eres un joven impaciente! —dijo muy tranquila.

—Seguro que sí. Tengo una beca de fútbol de la universidad de Oregón. Voy a hacer todo lo que sea necesario para volver al campo de juego.

Ella dejó de masajearme los hombros y me miró fijo.

—Ron... tal vez eso no suceda nunca.

—¡No diga eso! ¡Si *pasará*! ya sea que usted lo crea o no. Después de todo el médico dijo que iba a necesitar un respirador de por vida y míreme... —respiré profundamente exhalando despacio para aseverar mis palabras— él estaba equivocado.

Ella me levantó un brazo en alto y sosteniéndolo me preguntó:

—¿Puedes sentir algo?

—No. Todavía, no. Pero ya me volverá la sensación. Ya me he pinchado los nervios otras veces. Necesitan tiempo para sanarse.

Era el viejo síndrome de hablar impulsivamente volviendo vengativamente.

Ella movió la cabeza y me miró directamente a la cara.

—No creo que te des cuenta lo grave de tu condición, Ron. Esto no es un nervio pinchado. Tu columna vertebral se partió gravemente en el accidente.

—¿Y? También me había cortado el cuello, pero con la fusión se sanó.

Levantó la pierna y la dobló a la altura de la rodilla varias veces antes de comenzar con el lado izquierdo. Podía ver lo que me hacía pero no sentía nada. Mi optimismo inicial comenzó a desvanecerse a pesar de mi valentía.

—Ron ¿tú entiendes lo que significa partirse la columna?

—No exactamente. Además, no se partió del todo. Solamente 70%

—Los músculos y los tendones pueden rejuvenecerse —me explicó—. Los huesos se pueden soldar y unirse. Pero un nervio cortado es otra historia y la columna vertebral está llena de nervios. Es como una banana. Cuando se quiebra o se enrosca, no se puede volver a componer.

Me molestó lo que dijo, pero yo seguía sin aceptarlo. *Bien, los médicos no pueden arreglar una columna quebrada... ¡pero Dios sí! Él ya me ayudó con el respirador y me ayudará a volver a caminar. Viajaré por el mundo dando testimonio de lo que él hizo por mí.*

Si la gente se acuerda del 18 de mayo de 1980 como un día especial, probablemente sea porque lo asocia con la erupción del monte Santa Helena, una explosión que expandió humo y cenizas a cientos de kilómetros al aire, creando un río de lava que quemó todo lo que encontró a su paso. Pero eso no fue nada comparado con los logros que yo había alcanzado y estaba celebrando aquella mañana cuando papá ayudó a las enfermeras a colocarme en una silla de ruedas por primera vez. Estaba ansioso por transitar por los pasillos del hospital.

Pero mi entusiasmo se desvaneció cuando me amarraron a los lados de la silla de ruedas, como la inclinada torre de Pisa. Si una de las enfermeras no me hubiese agarrado, me hubiera caído de bruces al suelo.

Automáticamente, mientras las enfermeras enderezaban y me sujetaban a la silla, me di ánimo a mí mismo diciendo: *Esto no es nada, amigo. Estás débil. ¿Quién no lo estaría después de tres meses en cama? Cuando recobres las fuerzas, te podrás sentar erguido y no te van a tener que atar a esta cosa como un convicto a la silla eléctrica. Levanta la frente. ¡Lo lograrás!*

Una vez atado firmemente y controlado rigurosamente por las enfermeras, una de ellas me acomodó los pies en el apoyo.

—¿Estás cómodo? —me preguntó.

Asentí con la cabeza. Ella me palmeó el hombro.

—Bueno, entonces, a disfrutar el paseo, joven. ¡Trata de no exceder la velocidad máxima del hospital!

Mamá se rió. *¡Qué hermoso sonido!* —pensé.

—Ron ¿adónde quieres ir? —me preguntó—. Dime y yo te llevaré.

—Primero, me gustaría buscar un espejo para verme en este divertido Rolls Royce.

—Bueno. Hay un espejo en la sala de ejercicios, al final del pasillo.

En el colegio siempre me elogiaban por tener el mejor cuerpo. También yo estaba orgulloso por vestirme bien. *Un lindo tipo...* pensaba de mí mismo. Un solo vistazo en el espejo tiró abajo mis antiguas creencias. El espejo me devolvía la imagen de un muchacho frágil y huesudo con las medias caídas, pantaloncitos cortos y parches en las piernas. La cara chupada era sombría y tenía los ojos hundidos; todo su aspecto me hacía recordar a las víctimas de los campos de concentración. *¡Ese no puedo ser yo! Estoy viendo un paciente de cáncer de noventa años metido en una triste silla de ruedas. Las piernas parecen palillos de dientes y los brazos, fósforos. ¿Dónde quedó la estrella del fútbol de dieciocho años, el musculoso, fuerte y vigoroso muchacho de desarrollados bíceps? ¿Dónde está Ron Heagy Jr.? ¿Quién es esta bolsa de huesos?*

Mi entusiasmo de hacía unos minutos se vino completamente abajo. *Yo era alguien* —pensé de mal humor—. *Ahora soy un don nadie; un lisiado de dieciocho años confinado a una silla de ruedas y encarándose a un futuro sin esperanza.*

—Mamá, tal vez ella tenga razón —dije tranquilamente.

83

—¿Quién? ¿Tenga razón en qué? —me preguntó.

—Mi terapeuta. Dice que no me voy a recuperar.

—Ronnie ¡ya te has recuperado! Cada día estás un poco más fuerte.

—Mamá ¿volveré a caminar algún día?

Mamá no era de las que esquivan un asunto y no se iba a dar por vencida conmigo.

—Solamente el Señor lo sabe. Dejémoslo en sus manos y démosle gracias por esta silla de ruedas.

En el Día a los soldados caídos, me trasladaron de una habitación privada a una semiprivada; desde que fui hospitalizado, era la primera vez que estaba acompañado. Jimmy era un chico de ocho años que había sido atropellado por un auto cuando andaba en bicicleta. Al principio, los médicos habían pensado que tenía un serio daño cerebral, pero luego llegaron a la conclusión que no era tan serio, a pesar de estar en estado de coma. Desde el accidente no hablaba.

Al principio me molestó que me pusieran con un chico. *¡Vamos!* —pensé con desdén—, *el que esté discapacitado no significa que me traten como un caso pediátrico.* Pero como Jimmy no hablaba, ni hacía ruido, me olvidaba que él estuviese allí.

Me pasaba el día haciendo terapia física para restablecer la movilidad de mis brazos. Los terapeutas pensaban que en un futuro podría alimentarme por mí mismo. Yo me quedé estático cuando escuché cuál era su objetivo pero papá era realista.

—Sería maravilloso si recuperas el uso de los brazos, hijo. Pero no tengas muchas esperanzas. Espera y verás.

Después mamá lanzó otra bomba.

—Querido, ya que vas a estar tan ocupado con la terapia, los médicos creen que sería mejor para mí que no me quedara en Portland.

—¿Qué quieres decir? —pregunté atónito, casi entrecortadamente.

—Hace meses que no estoy con papá y los chicos. Ellos me extrañan y yo también quiero volver a estar con ellos. Seguiremos viniendo los fines de semana y traeremos a Karla. Además, uno de estos días volverás a casa y tengo que tener todo listo. Hemos mandado instalar un teléfono especial al lado de tu cama para que nos llames cada vez que lo desees. ¿Está bien, Ronnie? ¿Podrás hacerlo?

Mi corazón decía: *¡no mamá! ¡No me dejes! ¡No puedo hacerlo!* En cambio le dije:

—Claro, mamá. Comprendo. Te voy a extrañar, pero todo irá bien.

Las sesiones ocupacionales y de terapia se extendían desde la mañana hasta la tarde, interrumpiendo al mediodía para almorzar, por lo que no tenía tiempo de sentirme solo hasta la noche, después de cenar. Entonces, podía usar el nuevo teléfono para estar en contacto con mi familia y mis amigos. Mis padres también me habían dejado un instrumento para dar vuelta las páginas para poder leer la Biblia por mí mismo.

El ambiente en la unidad de terapia era cálido y relajado. Las enfermeras eran amistosas y entre los pacientes en sillas de ruedas había un compañerismo especial. Alguno de los que llevaban más tiempo, estaban dispuestos a darle una mano a los nuevos cuando pasaban por momentos difíciles. Uno de ellos, Al, me dijo:

—Ron, después de un tiempo te vas a acostumbrar a estar en silla de ruedas.

Yo moví la cabeza sonriendo.

—Lo dudo. Tengo una beca de la universidad de Oregón para jugar al fútbol. Y quiero jugar en el equipo. Mírame. Ahora no puedo levantar ni un dedo, mucho menos una pelota.

Al chasqueó la lengua. —¡Eh! Claro que puedes. Yo juego al fútbol.

—¿En una silla de ruedas?

—Hago toda clase de juegos en la computadora y son todo un desafío —sonrió—. Lo mejor de todo es que no te lastimas. Es sólo ejercicio mental.

—¿Usas una computadora? ¿Cómo?

—Con un puntero en la boca. Puedes hacer muchas cosas con un puntero, muchacho. Ya te lo van a enseñar.

Obviamente, Al no había perdido el sabor por la vida.

—¿Cuánto tiempo te llevó?

—¿Quieres saber cuánto hace que estoy en silla de ruedas?

—Sí.

—Once años.

Observé su expresión serena y pensé *¿once años? Prefiero morirme antes que estar así tanto tiempo.*

—Ron, sé lo que estás pensando. "De ninguna manera; no me voy a pasar el resto de mi vida en una silla de ruedas". Pero, realmente, no es tan malo... una vez que te adaptas.

—Detesto tener que ser empujado en una silla y que todo el mundo me mire —me quejé.

—Sí, sé a que te refieres. Al principio yo también me sentí así. Pero espera a tener la silla eléctrica. Nadie te tendrá que empujar. Vas a poder ir y venir a tu antojo. Y si te miran, podrás arrancar velozmente y dejarlos mordiendo el polvo.

—¿Te molesta cuando la gente te grita como si fueras sordo además de paralítico?

Al se rió. —Al principio sí, pero ahora no. Ahora les contesto casi en un susurro y entienden enseguida.

Bill, otro paciente, se había roto el cuello a los dieciséis años.

—Me lo pasaba pensando que era el final de todo —me dijo Bill—. Pero, en realidad, mi accidente fue solo el comienzo.

Asentí sombríamente. *Bien, compañero. El principio del infierno en la tierra.*

Mis padres me vinieron a visitar el domingo 1 de junio trayendo mi diploma de secundaria y mi certificado de graduación. Extrañé la ceremonia en Brownsville, pero gracias a varios amigos y tutores, terminé el trabajo necesario para mi egreso.

Mis padres me calaron el birrete y sacaron algunas fotos; yo sonreí tratando de no pensar en lo mucho que extrañaba todo.

La tarde siguiente discutí con la terapeuta ocupacional diciéndole que yo no necesitaba aprender a sostener una lapicera en la boca.

—¿No sería más práctico ejercitar los músculos de los brazos y hombros para volver a usar las manos? Ya sabes, como lo hizo Joni Eareckson Tada, así yo también puedo comer solo —insistí.

Mi terapeuta era una señora muy jovial, quien trataba de inspirar a sus estudiantes para que se sobrepusieran a sus incapacidades físicas.

—Se acerca el Día del Padre y pensé que te gustaría escribirle una tarjeta a tu papá.

—Sí... claro. Está bien.

Aprender a escribir con la lapicera en la boca fue un verdadero desafío. Mis primeros esfuerzos fueron extremadamente rudimentarios, pero cuando papá leyó la tarjeta que le había escrito, no pareció importarle mucho. Al leer las palabras que yo había escrito tan laboriosamente, parpadeó rápidamente y apretó los labios con fuerza; luego, sacó un pañuelo y se sonó la nariz antes de mirarme con ojos húmedos.

—Gracias, Ronnie —me dijo.

Al ver cómo lo había conmovido mi esfuerzo sentí la misma alegría que cuando me palmeaba el hombro después de un partido de fútbol y me decía: "Buen partido, hijo. Estoy orgulloso de ti".

Una cosa era aprender a escribir con la boca y otra muy distinta era aprender a manejar con el mentón. Estaba excitado al saber que el Servicio Social me había mandado pedir una nueva silla para manejar con la barbilla y, mientras esperaba que llegara, me esforcé en practicar con una silla del hospital. Al principio me chocaba con todo y con todos los que, desafortunadamente, se me cruzaban en el camino. Los que observaban a distancia segura, se entretenían viéndome jugar a los autos chocadores en la sala de terapia ocupacional.

Me llevó un tiempo pero finalmente pude controlar la silla para no matar o lastimar a los peatones. Mi silla se convirtió en mi más preciada posesión. Representaba la libertad. Ahora, todo lo que necesitaba era un elevador en el asiento para poder correr de un lado a otro sin ayuda. ¡Aleluya!

Estaba tan entretenido disfrutando mi nueva adquisición que por varios días no me detuve a pensar en el valor de la costosa silla de nueve mil dólares. Pero finalmente lo hice. La compañía de seguros no iba a ser una inversión semejante a no ser que creyeran que iba a recobrar el uso de mis piernas. Al mismo tiempo, este descubrimiento me hizo pensar que varios pacientes que habían venido a terapia después de mí, ya estaban caminando con la ayuda de andadores o bastones. Yo no había sentido ningún avance en mi percepción sensorial desde que había comenzado la terapia.

Finalmente, reté a uno de las terapeutas.

—Oye, ¿de qué sirven todos estos ejercicios? Tengo los brazos y las piernas tan dormidos como el primer día. ¿Ya no debería sentir algo en las manos o los pies?

El terapeuta evitó mirarme a los ojos.

—Ron, esa pregunta se la tienes que hacer a tu médico. Él sabe más que yo al respecto.

Unos días después, el médico convocó una junta médica con mis padres. A pesar de estar presente y de tratarse de mi condición física lo que se discutía, casi me excluyeron de la conversación.

—Señor y señora Heagy, hemos tratado que su hijo recobrase, por lo menos, la movilidad parcial. Al principio, creímos que recuperaría la sensación en los brazos, pero no fue así —el médico hizo una pausa—. Creemos que ya no hay nada más que podamos hacer por él.

Papá fue el primero en recuperarse del impacto.

—Quiere decir... ¿que esto es todo? ¿No pueden hacer nada más?

El médico asintió. —Lo siento, señor Heagy. Lo hemos intentado.

—Doctor tal vez *ustedes* se hayan dado por vencidos, pero nosotros no —le dijo papá.

Mamá fue igualmente enfática. —Debe haber algo que aún no hemos probado.

—Señora Heagy, créame, por favor. Sé cómo se siente —continuó el médico— pero las lesiones de su hijo son permanentes. Se dañaron muchos nervios en el accidente. No se puede recuperar. Si Ron fuese mi hijo, me lo llevaría a casa y trataría que se adaptara —hizo una pausa— o puede considerar llevarlo a algún sitio de cuidados permanentes.

Papá se puso de pie. —Esa no es una opción, señor. Mientras yo viva, nuestro hijo no va a ser puesto en un centro para discapacitados.

Yo estaba demasiado perplejo como para poder hablar; me quedé como un tonto sentado en mi silla de ruedas mientras los miembros de la junta médica se retiraban de la sala. Mamá y papá también estaban en silencio, pero mamá extendió la mano y tomó la mía.

—No nos vamos a dar por vencidos, Ronnie —musitó.

Antes de irse aquella noche, mis padres me pusieron en la cama. Mamá me arropó con las mantas, como cuando era niño.

—Ronnie, no te preocupes. Sé que Dios tiene un plan maravilloso para tu futuro y estoy ansiosa por tenerte en casa nuevamente con nosotros y ver hacia donde Él nos conduce.

Papá oró por mí pidiéndole al Señor que me diese un buen descanso nocturno y se fueron a casa. Intenté controlar las lágrimas hasta que no escuché sus pasos en el pasillo. Después lloré descontroladamente, sollozando y clamando a Dios. "Señor, yo no quiero vivir así. Déjame morir. No puedo ocuparme de mí mismo, no puedo cavar una zanja, no puedo jugar al fútbol, no puedo abrazar a mi chica o tomarla de la mano. ¿Qué clase de hombre soy? Señor, sólo seré una carga para mi familia. Por favor... déjame morir.

En la oscuridad de mi habitación, escuché una vocesita susurrando mi nombre:

—R-o-nnn.

Conteniendo el aliento, me quedé escuchando. ¿Habría entrado alguien sin que me diera cuenta? Traté de controlar mis sollozos para poder escuchar la voz.

—R-o-n...

Era Jimmy.

No había pronunciado una palabra durante varias semanas, desde que había llegado al hospital. Yo me había resistido a compartir la habitación con el niño, considerando que no era apropiado para mí, un maduro y talentoso jugador de fútbol. Yo lo había ignorado, lo había tratado como un vegetal, pero en aquella oscuridad, el frágil Jimmy estaba cruzando el mar de la desesperanza, arrojándole una soga al hombre destrozado que estaba en la cama de al lado.

—Ron... —volvió a susurrar la vocesita—. Yo... yo, te quiero.

12 Señales y sirenas

Nunca más volví a escuchar la voz de Jimmy, excepto en mi memoria, donde sus palabras fueron de inspiración y me han alentado durante diecisiete años. Aquella noche, al oír su voz en medio de mi llanto, sentí vergüenza de mí mismo al darme cuenta que el muchachito estaba mucho peor que yo, pero yo nunca lo había escuchado llorar en la oscuridad.

Las palabras de Jimmy me cambiaron. Claro que yo seguía paralizado; nada había cambiado. Pero yo tenía bien la mente y me podía comunicar. Podía alcanzar a otros que estuvieran sufriendo así como Jimmy me había alcanzado a mí.

—Dios, perdóname por haber sido egoísta —oré—. Por favor, ayúdame a recordar que he sido creado a tu imagen y me has mandado a hacer tu obra en la tierra. Señor, ayúdame para que sea tu embajador. Muéstrame como estimular a la gente que sufre. Enséñame a ser como Jimmy.

Karla notó mi cambio de actitud y, al revisarla, me di cuenta que ella lo había interpretado de manera equivocada.

—Karla, eres una gran chica. Gracias por estar a mi lado —le dije unos días después que Jimmy hablara.

—Ron, no te preocupes, de la única forma en que te librarás de mí es diciendo: Karla, todo se terminó entre nosotros. ¡Vete! No quiero volver a verte nunca más.

Karla se quedó callada unos segundos, luego me tomó la mano y se la llevó a la mejilla.

—Puedo ver el cambio en ti, Ron. Al principio parecías... no sé. Parecía como si estuvieses enojado con Dios.

—Supongo que lo estaba —le contesté con franqueza—. Me sentí violado y, al principio, no podía entender por qué Él permitía que sucediera esto. Había momentos en que me quería morir, pero estoy aprendiendo a vivir día a día y dejar que Dios se encargue del mañana.

Karla y yo siempre habíamos podido expresar nuestro sentir espiritual; era un hábito que habíamos desarrollado en los estudios bíblicos para adolescentes en los que habíamos participado. Cuando la conocí, me sentí atraído por su espíritu dulce así como por su buen aspecto.

Ella venía con regularidad y conversábamos animadamente acerca de nuestros sentimientos. Karla me ponía al día de los acontecimientos en el colegio y lo que pasaba con nuestros amigos de Brownsville. Un día, antes de irse, me dio un beso de despedida y me dijo que volvería pronto; salió ondulando su rubia cabellera.

Volvió a los diez minutos. La miré sorprendido cuando me dijo apresuradamente. —Me olvidé de decirte algo.

—¿Sí? ¿Qué?

—Te quiero, Ron. Eres un muchacho maravilloso.

Un domingo, cuando mi familia y Karla vinieron a visitarme, papá sugirió que fuésemos a comer pizza a un restaurante italiano que estaba muy cerca del Buen Samaritano. Era mi primera salida del hospital y estaba extremadamente contento, hasta que un desconocido nos detuvo cuando papá me traía empujando la silla después de haber comido. El hombre me echó un rápido vistazo y luego le preguntó a papá:

—¿Qué le pasó?

De pronto, toda la alegría vivida afuera del hospital, se desvaneció. Yo deseaba decirle: "¡Eh, amigo, el que esté paralítico no significa que sea sordo! Si quiere saber qué me pasó ¿por qué no me lo pregunta a mí?"

En cambio, papá lo dijo por mí con toda calma.

—Señor, ¿por qué no se lo pregunta usted a mi hijo?

—Yo... lo siento —musitó el desconocido— no era mi intención ofenderlo.

—Me rompí el cuello en una zambullida —le dije.

—Oh, lo siento —dijo y se fue. Me pregunté si el incidente lo obsesionaría como me obsesionaba a mí.

Karla y mi familia volvieron a Portland el fin de semana del Festival anual de las Rosas. Pasaron la mañana conmigo y luego se fueron al festival. Yo ansiaba desesperadamente ver el desfile, pero como nadie tenía una camioneta o un vehículo lo suficientemente grande como para llevar mi silla de ruedas, me era imposible ir con ellos. Karla se ofreció para quedarse en el hospital conmigo, pero no me pareció justo.

—Karla, no quiero que te pierdas la diversión por mi culpa —le dije cuando los demás estaban listos para irse—. ¿Por qué no vas con ellos?

—No lo disfrutaría sin ti.

—Claro que sí, después de todo durará unas horas. Yo puedo ver el desfile por televisión.

Ella movió la cabeza y me dio un fuerte abrazo.

—Ron, me gustaría mucho más quedarme acá. Cuando estés bien iremos juntos a muchos lados y haremos muchas cosas juntos. Hasta entonces, no te voy a dejar solo. ¿Está bien?

—Está bien. Ya que insistes... y gracias.

Pasamos una linda tarde los dos solos hablando y mirando el festival por televisión. Las atenciones de Karla nunca dejaron de sorprenderme, pero al estar con ella me daba cuenta lo poco que tenía para ofrecerle a cambio.

Cuando se fue esa noche me quedé despierto, pensando. ¿Se daría cuenta cuán incierto era mi futuro? ¿Me seguiría siendo fiel si quedaba cuadriplégico? Y si...

Toda mi vida me había concentrado en las cualidades externas, midiendo el éxito en términos de logros personales. Cuando Karla y yo habíamos empezado a salir juntos, yo era importante en el colegio. Ahora no era nadie y no me parecía lógico que una chica bonita y popular como Karla pudiese quererme más allá de la superficie, por la persona que yo era. Sabía que yo mismo no podría ser capaz de hacerlo, antes de quedar discapacitado.

Siendo un joven ingenuo y confundido, le pedía Dios alguna señal.

—Señor, cualquier cosa que hayas planeado para mí, la acepto. Te amo, Señor, y quiero hacer tu voluntad. Pero ahora necesito cierta seguridad. Si pudieras darme alguna señal que Karla es sincera y no que meramente tiene lástima de mí, sería muchísimo. Sé que es tonto, Señor, pero si... si la alarma de incendio sonara esta noche. Entonces sabría que es verdad.

A medianoche, una sonora sirena irrumpió en los pasillos del hospital. Se había disparado la sirena de incendios.

¿Era la señal de Dios para mí? ¿O el fuego estaba por arrasar el hospital, quemando a los indefensos pacientes?

Al ratito apareció una enfermera. —Lo lamento. Vuelve a dormir. Fue una falsa alarma.

Cuando ella se fue, me quedé despierto, estaba demasiado despabilado como para relajarme.

—Señor —susurré— detesto tener que preguntarte, pero si ésta *fue* una señal tuya, podrías por favor, este... ¿podrías volver a dármela?

A las 2 de la mañana otra falsa alarma sacudió el edificio.

13 Algo por qué vivir

Cuando la camioneta del tío Bruce se detuvo frente a la puerta de nuestra casa de madera sin terminar, mi mente giraba con un montón de sentimientos. Estaba muy contento de tener permiso para ir a casa un fin de semana; era una prueba para ver si mi familia podía ocuparse de mí. Pero, al mismo tiempo, al ver la estructura de la casa contra las nubes del cielo, me hizo caer en el más profundo de los pozos de "si sólo". *Si tan sólo me hubiese quedado en casa en las vacaciones ayudando a papá en la construcción* —me recordé a mí mismo— *ahora estaría terminada y yo no estaría confinado a una silla de ruedas.* En cambio, se había detenido todo el trabajo en la casa debido a la falta de dinero y mano de obra.

Después vi mi autito chocado, el "escarabajo" que se suponía nos hubiese llevado a unas fabulosas vacaciones. Había trabajado mucho para pagarlo. ¡Qué emoción cuando llegué al colegio y estacioné delante de todas las chicas! Al lado de él estaba mi motocicleta. *¡Oh, no! ¡No podía* *esperar para montarla!* El pensamiento me asaltó antes de poder frenarlo.

Otra emoción —*temor*— me daba vueltas en la cabeza. *¿Cómo se las arreglarían mamá y papá? ¿Tendrían la fortaleza y perseverancia de manejar mi incapacidad?*

—Bienvenido a casa, Ron —dijo mamá con su modo cálido y firme, dando vuelta a la cabeza y sonriéndome desde el asiento delantero. Debía saber lo que yo estaba pensando—. Hubo veces en que nos preguntábamos si alguna vez llegaría este día, pero aquí estás, otra oración contestada. Estamos muy contentos de tenerte en casa de vuelta.

—Tu mamá tiene razón, Ron —dijo Karla poniéndome un brazo sobre el hombro—. Todos oramos para que Dios te trajera de regreso a nosotros y Él lo hizo.

Mike y Pennie salieron por la puerta del frente.

—¡Hola Ron! —dijo Mike con una amplia sonrisa— estoy tan contento que vuelvas a casa. Te lavé el auto y le puse cera... gratis. Hasta te pulí la motocicleta. ¿Cómo se ven?

—¡Fantástico! Gracias, Mike. Pero no te hagas ninguna idea por el hecho que no puedo conducir por ahora.

—¡Ya verás cuando saque la licencia! Vas a querer que sea tu chofer, pero me vas a tener que suplicar.

Pasamos el fin de semana sin serios problemas y detesté tener que volver al hospital de Portland el domingo en la noche. Pero se me hizo más llevadero al saber que volvería a casa en unos días.

El viernes, mamá me sacó del Buen Samaritano en silla de ruedas y me introdujo en el "ómnibus" Volkswagen de la familia. Pero antes de salir tuvimos que hacer unas cuantas paradas para despedirme de todos los que me habían cuidado. Con cada adiós, sentía una punzada de temor. Dejar el hospital significaba dejar de estar bajo el cuidado de los profesionales en quien tanto confiaba. También significaba dejar alguno de los recién adquiridos equipos móviles ya que mi silla eléctrica con mentonera no llegaría hasta noviembre y, aunque papá había estado buscando una camioneta con rampa para silla de ruedas, todavía no había encontrado una para nuestro presupuesto.

El viaje de regreso a Brownsville llevó noventa minutos; al llegar pensé: *bueno, Ron, aquí pasarás el resto de tu vida. No es exactamente lo que planeaste, pero es todo lo que tienes.*

Karla vino a pasar la tarde. Era un hermoso día de verano, todavía cálido y sereno pero con un poco del calor de julio. Nos sentamos afuera y ella me puso al día con los acontecimientos de nuestros amigos y sus actividades. Muchos estaban ya en la universidad, asistiendo a las clases de verano; otros estaban trabajando. Algunos otros se habían ido de campamento a la playa durante el fin de semana y una pareja pensaba ir a montar a caballo después de la iglesia.

Karla me tomó la mano paralizada y se la llevó a la mejilla.

—Ron, algún día, cuando estés bien, también vas a ir a montar. ¡Ansío que llegue ese día!

Vacilé un momento, dudando qué decir.

—Karla, debes estar aburrida sentada a mi lado mientras todos los demás andan por ahí divirtiéndose.

—¡Claro que no, Ron! ¿Cómo puedes decir eso?

Retuvo mi mano entre las suyas antes de contestar.

—Tienes que dejar de ser tan sensible. Estoy acá porque quiero. Eres un chico especial, Ronaldo Heagy y yo disfruto pasando el tiempo contigo. Ya hemos hablado de eso con anterioridad ¿verdad?

—Pero ¿qué pasará si no me recupero? —miré su precioso rostro mientras esperaba su respuesta.

—¡Por supuesto que vas a recuperarte! Lleva tiempo, Ron. Tenemos que ser pacientes y orar para que ocurra un milagro.

Cuando se fue, le conté a mamá nuestra conversación.

—Karla sigue creyendo que algún día volveremos a hacer las cosas que hacíamos antes, mamá.

—Hijo, Karla puede estar en lo cierto. Algún día puede que estés montando nuevamente a caballo. Ocurren milagros; tú lo sabes —me contestó.

Mamá oraba a diario clamando a Dios para que me devolviese el uso de mis brazos para no estar tan indefenso y, como Karla, ella confiaba en que sus oraciones serían contestadas.

Pero yo ya no tenía su misma confianza.

Nuestra pequeña casa-garage estuvo llena de visitas el resto de aquel verano; los parientes se turnaban para visitarnos. Tanta gente en la casa era una pesada tarea para mamá quien tenía que atenderme, pero lo hacía todo con su característico buen humor.

Nunca, ni ella ni papá se quejaron de que yo fuese una carga para ellos. Pero en mi excesivo estado de sensibilidad, constantemente me venía a la mente la idea que la atención permanente que yo requería era demasiada carga para ellos. Siempre tenía que haber alguien que me diese de comer. que me bañase, que me acostase de noche, que me levantara, me vistiera en la mañana. ¡Era un círculo que no se acababa nunca!

Hasta necesitaba que alguien me diese vuelta de noche, y hasta con varios cambios de posición, tenía escaras en la espalda y las caderas que necesitaban semanas para curarse. Los miembros de la familia se turnaban para dormir al lado de mi cama para poder ayudarme, pero yo no quería molestarlos, y a veces, no lo hacía.

Mi hermana Pennie y yo teníamos una relación muy estrecha, como con Mike. En los años anteriores, siempre que ella estaba molesta, yo la hacía reír. Más de una vez, Pennie lloró sobre mi hombro cuando tuvo algún desentendido con mamá o papá o alguna pelea con alguien en la escuela. Ahora se invertían los papeles.

Una noche cuando la llamé pidiendo ayuda, escuché que vino a mi cuarto suspirando exasperada. No la culpé por estar fastidiada. Después de todo, había vuelto tarde de una salida con un muchacho y yo la había despertado de un sueño profundo. Pero su suspiro me hizo sentir como una lombriz. Me quedé despierto, llorando y culpándome miserablemente cuando ella volvió a su cuarto.

—Ronnie ¿te pasa algo? —Pennie me escuchó sollozar y volvió a mi cuarto.

—No... no. Estoy bien.

Pennie insistió. —No, no estás bien. Estás llorando, por amor de Dios. Dime qué te pasa.

—Me hace sentir mal tener que hacerte levantar tan tarde, Pennie. Odio ser una carga para todo el mundo; para ti, para Mike, para mamá y papá. A veces deseo haberme muerto.

Aquello fue suficiente para que Pennie también se echara a llorar. Me rodeó con sus brazos y puso su mejilla contra la mía.

—Oh, Ronnie, lo siento tanto. Por favor, perdóname si me impacienté. Tú no eres una carga y ninguno de nosotros piensa en darse por vencido. De verdad. Te queremos —me acarició la frente—. Si hay algo que yo pueda hacer para hacerte la vida más llevadera, sólo dímelo.

—Bueno... hay una sola cosa —dije sollozando de nuevo.

—¿Qué?

—Por favor, me suenas la nariz.

Ambos nos reímos mientras ella tomaba un pañuelo de papel de la caja sobre mi mesa de noche, lo acercaba a mi nariz y me secaba las lágrimas. Después me dio un beso de buenas noches y volvió a su cuarto. Pennie tenía el mismo toque tierno de mamá.

Por otro lado, Mike tenía buenas intenciones pero no llegaba a realizarlas. Como muchos adolescentes, tenía el sueño profundo y me costaba despertarlo. Cada vez que lograba hacerlo, aparecía en la oscuridad de mi cuarto como un zombie, golpeándose, literalmente, contra las paredes y preguntando:

—¿Dónde estás?

—Aquí Mike. No me he movido ni un centímetro desde la última vez que viniste.

A los tropezones, finalmente llegaba hasta mi cama.

—Te acabo de dar vuelta. ¿Por qué me molestas?

—Mike, eso fue hace tres horas.

—Ah.

Así dormido, me daba vuelta y volvía a tumbos a su cuarto para seguir durmiendo profundamente. A la mañana siguiente no se acordaba nada de lo ocurrido la noche anterior.

Al principio, todo el mundo parecía andar de puntillas a mi alrededor, tratándome con una cortesía especial y mucha paciencia, como hace uno con los abuelos que vienen de visita por un tiempo. Pero, al poco tiempo, resurgen los patrones normales de la familia, incluyendo las ocasionales discusiones.

De vez en cuando, mamá y papá disputaban por algo, generalmente, sobre asuntos insignificantes como la forma en que me gustaba usar la ropa o peinarme. Cada vez que chocábamos, mi depresión aumentaba. Esas confrontaciones me hacían sentir que había perdido por completo el control de mi vida.

A veces, cuando papá estaba preocupado, se ponía impaciente. Una mañana, mientras me vestía, se me atascó la mano en la manga y papá la forzó a prisa para pasarla. Ninguno de los dos nos dimos cuenta que había sucedido algo anormal hasta que vimos sangre en mis pantalones. Recién entonces, notamos que me faltaba casi toda la uña del dedo meñique.

No fue culpa de papá, le podría haber pasado a cualquiera. Pero papá se sentía terriblemente mal.

—Ronnie, lo siento —se disculpó con el rostro angustiado— no quise lastimarte.

—No es nada. Papá, no te preocupes —le dije— ¡no siento nada!

Sumido en autocompasión, empecé a interpretar todo lo que papá hizo como un gesto de frustración e impaciencia. Comencé de nuevo a pensar que no valía la pena vivir y elucubrar la manera de tomar una salida permanente.

Es imposible tomar una sobredosis de droga o cortarme las venas sin ayuda —pensé, evaluando las posibilidades. No podría arrojarme a un precipicio sin que alguien me llevase hasta el risco. Ahorcarme estaba fuera de todo análisis ¿a quién le pediría que me atara el nudo? Entonces, tuve una idea. *Quizás pueda ahogarme. ¡Sí! ¡Eso es! La próxima vez que papá me deje solo en la ducha, le pondré fin a esta vida miserable.*

Los fines de semana, papá me bañaba y me vestía en la mañana para que mamá durmiera un poquito más. Estaba esperando el sábado siguiente; había planeado suicidarme.

Cuando papá me metió en la ducha, yo estaba decidido. Abrió la llave del agua caliente, ajustó el duchador y me preguntó si todo estaba bien.

—¡Sí! —le dije con la voz más animada que pude. Cuando se fue, eché la cabeza hacia atrás, inspiré profundamente y tragué agua repetidas veces. Pensando en ello ahora, creo que fue una manera muy estúpida de quitarme la vida, pero en ese momento buscaba seriamente la muerte.

Cuando papá regresó a los pocos minutos, me encontró tosiendo, jadeando y semiahogado. Me levantó los brazos y me golpeó la espalda, preguntándome desesperadamente:
—Ron ¿qué te pasó? ¿Estás bien?

Al principio, no pensaba decírselo, pero cuando finalmente pude respirar normalmente, me quebranté. Como un dique que se derrumba, toda mi frustración se desbordó, corriendo como un río de lágrimas calientes y acusaciones entrecortadas.

¡Pobre papá! Él no tenía ni idea que en mi mente estuviesen acumulados todos aquellos sentimientos. Envolviéndome con sus fuertes brazos, se disculpó por haberse impacientado y me aseguró que mi categoría de hijo amado nunca cambiaría. Y estableció una nueva regla familiar. A partir de entonces, cada vez que los sentimientos de alguien fuesen lastimados, los íbamos a exponer abiertamente en una reunión de familia. Todos nos sentábamos alrededor de la mesa de la cocina y hablábamos de nuestras diferencias, buscando la manera de resolver el problema, cualquiera que fuese.

Nunca más volví a considerar el suicidio como una opción viable, sino que me concentré en la filosofía de mi abuela Buckmaster. En una de sus visitas, le pregunté:
—Abuela ¿cómo hiciste para criar nueve hijos con tan poco dinero sin perder tu salud mental?

Ella me miró con ojos chispeantes. —Lo fui haciendo día a día, Ronnie. Un día a la vez. Y eso es lo que tú tienes que hacer ahora. No mires atrás. No te preocupes por el día de mañana. Vive un día a la vez.

Siguiendo su consejo, sufrí menos ataques emocionales, pero me seguían invadiendo los problemas físicos. Las infecciones de la vejiga eran las peores. Una infección era seguida por otra, hasta que estuve tomando antibióticos constantemente.

Sospechando que tenía piedras en los riñones, el médico me internó nuevamente para hacerme algunas pruebas. Uno de los análisis pareció ser fatal. Cuando me inyectaron tintura de yodo empecé a tener serios problemas respiratorios, perdí la conciencia y tuve un paro cardíaco. Una vez más, un experto equipo médico normalizó mi corazón y me trajo del borde de la muerte.

Con el tiempo, tendría que someterme a otra cirugía para corregir el problema. Aunque los médicos dijeron que la operación había sido un éxito, las infecciones de los riñones continuaron.

Otro problema crónico que tuve que soportar parecía menor comparado con "el grande": incontinencia. Eso era lo más difícil de aceptar, no sólo porque tenía que ver con mi privacidad sino porque era muy desagradable para los demás. Si mi familia me consideraba una carga, hacía un excelente trabajo para disimularlo.

Los fines de semana era papá quien me atendía, pero durante la semana, todo el trabajo recaía sobre mamá, quien me bañaba amorosamente, me afeitaba, me lavaba la cabeza con champú, me vestía y me daba de comer todas las mañanas. Casi nunca terminaba antes del mediodía, y aunque jamás se quejó, yo sabía que estaba padeciendo de fuertes migrañas y me temía que fuesen ocasionadas debido al estrés en que se encontraba.

Un día, mamá parecía estar especialmente nerviosa y la observé yendo de acá para allá por la casa, limpiando la mesa, lavando los platos, doblando la ropa.

—Lo lamento —dije suavemente.

Dejó de doblar una toalla y la puso sobre una pila de sábanas recién lavadas antes de mirarme.

—¿Qué es lo que lamentas, hijo?

—Que te dé tanto trabajo extra. Lo siento mucho.

Mamá se acercó a mí y me abrazó. —Ronnie, te amo. Eres mi hijo. Es un privilegio cuidarte, no una obligación. Me canso, pero Dios me da la fuerza que necesito. Así que no te preocupes más por mí.

—Sé que estás padeciendo migrañas...

—Hace años que la tengo.

—Vivir así no debe ser fácil para ti. Si yo no hubiese ido a California, la casa ya estaría terminada y no estaríamos metidos en tantas deudas.

—Dios suplirá nuestras necesidades, hijo. Siempre lo ha hecho en el pasado, y lo hará en el futuro.

—Ni tú ni papá se merecen esto. La mayoría del tiempo estás rendida y papá trabaja doce horas por día. Eso no es justo.

—Tal vez, no. Pero no siempre la vida es justa y hay ciertas cosas sobre las cuales no tenemos control. Y esta es una de ellas.

De pronto, su rostro se iluminó. —Además, siempre hay un mañana. Las cosas tienden a mejorar.

Me decidí a seguir el ejemplo positivo de mamá y el sabio consejo de la abuela Buckmaster. En vez de meterme en el pozo cenagoso del remordimiento, me concentré en todas las cosas que todavía podía hacer y vivir un día a la vez.

Una de las cosas que intenté hacer fue pintar. Animado por mamá, leí los libros de Joni Eareckson Tada, donde explica sus luchas para sobreponerse a incapacidades físicas similares a las mías. Inspirado en Joni, ese año me inscribí en una clase de arte para principiantes en Linn Benton Community College.

Fue sorprendente ver la expresión de sorpresa e incredulidad en el rostro del maestro cuando un amigo me llevó a la primera clase empujando mi silla de ruedas. Todos los alumnos me miraron, luego miraron mi silla de ruedas y, sin duda, se habrán preguntado si no estaría en el aula equivocada. Durante las primeras semanas, yo me hice la misma pregunta mientras dibujaba garabatos, esferas asimétricas e irreconocibles naturalezas muertas con un lápiz de carbón apretado entre los dientes.

Mis primeros esfuerzos fueron patéticos y estuve tentado a abandonar en varias ocasiones, pero, finalmente, la tenacidad dio su fruto. Al terminar aquel semestre, podía controlar un lápiz o lapicera con cierto grado de destreza, y el maestro me calificó con una C y unas cuantas palabras de estímulo y elogio.

Después sucedió algo determinante que cambió el sentido y el propósito de mi vida para siempre. Hacia mediados de julio fui con mamá, papá y Mike a visitar a Pennie a Cannon Beach Conference Grounds. Literalmente, me quedé mudo cuando el plantel me pidió que diese mi testimonio en una de las reuniones de la conferencia. Mi primera reacción fue negarme. No me gustaba que todos me mirasen y me imaginaba tartamudeando delante de la audiencia. Pero sabía lo mucho que significaría para mamá y papá el que lo hiciera, por lo que acepté sin ganas.

Me latía aceleradamente el corazón cuando me subieron a la plataforma y me vi de frente a la gran audiencia. Tragué saliva, respiré y empecé. De pronto, mi temor y desgano se desvanecieron. No era para nada difícil contar mi historia.

Luego vino la mejor parte. Los adolescentes respondieron con gratificante calidez y amabilidad. Muchos de ellos quisieron hablar después conmigo.

Por primera vez, desde el 17 de marzo, sentí que todavía podía hacer algo que valiera la pena. *Tal vez, esta sea la manera que Dios tiene de hacerme ver como puedo alentar a otros, de la manera que el pequeño Jimmy me animó a mí.*

14 Finales tristes y felices

A fines de agosto, la mayoría de mis amigos estaban ocupados trabajando o preparándose para ir a la universidad, pero Karla —aunque estaba estudiando para técnica en rayos X— venía con regularidad a sacarme a dar una vuelta o a pasear por las inmediaciones.

A pesar de pasarlo muy bien con Karla, nuestra relación tenía su lado negativo también. Ella no aceptaba mi incapacidad como algo irreversible y su actitud inamovible me molestaba más y más a medida que el verano se acercaba a su fin. Me irritaba escucharla decir cosas como: "cuando te pongas bien vamos a ira a esquiar".

Un día, sentados a la orilla del río, ella me dijo:

—Un día, cuando estés bien, vamos a andar en moto por estas vías.

—Karla... —la quise frenar, tomarla del hombro y hacerla enfrentar la realidad. Pero dije simplemente: —Creo que será mejor que me lleves a casa.

Me miró sorprendida. —¿Por qué, Ron? ¿Dije algo que hirió tus sentimientos?

—No. Estoy cansado. Vamos a casa.

En cuanto Karla se hubo ido, le conté todo a mamá.

—Mamá, amo a Karla. Quiero casarme con ella y tener una familia. Quiero trabajar y cuidarla. Me tortura saber que nunca podré hacerlo. Pero, lo que es peor, es que ella nunca acepte el hecho que *jamás* me voy a poner bien.

Mamá se quedó en silencio, tal vez, pensando que yo estaba canalizando mi frustración con *su* incambiable esperanza en mi futuro, como Karla. Luego me dijo lentamente:

—Karla es una en un millón, Ron. Una chica de la cual cualquier hombre se sentiría orgulloso de tenerla por esposa. Pero si ella no puede asumir el hecho que las cosas pueden no volver a ser como eran, y esa relación te está causando tanto sufrimiento, tal vez sea mejor que dejen de verse.

—Estoy de acuerdo, mamá. Pero me muero de solo pensarlo.

La próxima vez que Karla y yo estuvimos juntos, ella se dio cuenta que algo había cambiado. Me apretó la mano, la colocó en su mejilla y me preguntó: —Ron ¿puedes sentir esto?

—No, Karla, mi mano está muerta.

La apretó más fuerte. —¿Y esto?

Miré sus conocidas facciones y los mechones de cabello rubio que se enrulaban en su nuca, y quise llorar.

—Karla, no puedo sentir nada, y probablemente jamás pueda sentir. Puede que *nunca* me recupere. Karla, esta es la realidad. No... no creo que tengas que resistirte a este hecho. Mi incapacidad es *permanente*.

Sacudiendo la cabeza, me puso un dedo sobre los labios para hacerme callar, pero yo estaba decidido a decir todo.

—Quizás... quizás debamos dejar de vernos; al menos, por un tiempo, para que puedas pensar acerca de esto y todo lo que significa.

Noté que su expresión cambiaba de resistencia a dolor.

—Pero, Ron, yo te amo. Siempre te amaré. ¿Podemos esperar un poco? Las cosas pueden cambiar. Tú *puedes* ponerte mejor. Los milagros suceden; tú lo sabes.

Moví la cabeza y me obligué a continuar.

—No, Karla. No podemos vivir esperando un milagro. Te mereces un hombre que te pueda abrazar y hacerse cargo de ti. Me gustaría poder ser ese hombre... —me temblaba la voz; era todo lo que podía hacer para contener las lágrimas— quisiera, Karla, pero ¡no puedo!

Ella bajó la cabeza en silencio y se apretó los labios con la mano levantando sus ojos azules hacia mí.

Finalmente comprendió. Nuestro futuro juntos había muerto en marzo en una playa de California.

La ruptura con Karla me sumergió en otro pozo sombrío, pero sucedieron otras cosas que me levantaron el ánimo. Un día papá llegó excitado del trabajo.

—No saben lo que pasó. Cuando les dije a mis compañeros en el molino lo difícil que es manejar la silla de ruedas en el sendero de ripio de casa, varios hombres se ofrecieron voluntariamente a colocar cemento.

Esa tarde, él y Mike empezaron a excavar zanjas y a darle forma mientras yo observaba, deseando ayudar. Cuando los amigos de papá terminaron de echar la losa, papá comenzó a trabajar nuevamente en la cabaña. El 10 de septiembre terminó el techo, poniendo el último clavo en su lugar. Ahora, todo lo que necesitábamos era un préstamo para contratar un constructor que terminase las paredes exteriores e instalara los gabinetes. El sueño de la cabaña de dos plantas se estaba por convertir en realidad.

Unos meses después nos aprobaron el crédito y empezó la construcción final. Al ver a los carpinteros colocando los fragantes listones de pino que habíamos mandado a pedir a Montana, recordé que experiencia de unión había sido para mí y papá el haber trabajado juntos en la cabaña. Dos veces habíamos evitados accidentes que podrían haber tenido serias consecuencias. En una ocasión la escalera extensible en la que estaba parado se fue de costado y perdí el equilibrio. Caí desde una altura de 3 metros antes de poder agarrarme desesperadamente de una viga del techo para evitar la caída. Ahora nos reíamos al recordar como había quedado colgado de la viga como un mono hasta que papá volvió a colocar la escalera en su lugar. Tuve suerte de escapar de esa calamidad con solo algunos rasguños y magullones... y una axila al desnudo.

Riéndose al verme otra vez en tierra firme, papá me había dicho:

—Es mejor que te hayas raspado el brazo y no roto el cuello ¿verdad?

A los pocos días, el andamio en el que papá estaba parado, se le dio vuelta y se cayó desde el segundo piso al piso de concreto. Tambaleando en mi propio andamio para poder ayudarlo, estaba seguro que estaría seriamente lastimado, pero antes de poder llegar a él, ya estaba en pie sacudiéndose el polvo de los pantalones.

Era mi turno para reírme. —¡Ajá! Eso sí que es salvarse por un pelo. Somos muy afortunados ¿verdad, papá?

—No, hijo. Yo no creo en la suerte. El buen Señor nos está protegiendo —me contestó levantando el martillo—. Tal vez nos esté advirtiendo para que seamos más cuidadosos.

Ahora, con gente profesional haciendo el trabajo, nuestra hermosa cabaña de madera se terminó en tiempo récord y, finalmente, nos pudimos mudar, respirando constantemente la fragancia a pino que inundaba la casa. No sé quién estaba más emocionado, si mamá o yo. Ella estaba extasiada de tener una cocina grande y cómoda, una amplia sala con chimenea a leña y un auténtico dormitorio, en vez de una cama en la casa rodante. Y, en cuanto a mí respecta, el hecho de tener mi propio cuarto me daba la sensación de estar en el cielo. Se llegó a convertir en mi santuario, el lugar en el cual tenía mi privacidad y me sentía en control. El baño estaba equipado con una ducha giratoria y papá había puesto un teléfono, mi equipo de música y un televisor en mi dormitorio para que los pudiese encender con un palito en la boca apretando los botones del control remoto. Ya podía escuchar música o mirar televisión desde mi cama sin molestar a nadie. También disfrutaba hablando por teléfono con mis amigos sin que toda la familia me estuviese escuchando.

En aquella época sucedió otra cosa buena. Algunas personas extremadamente generosas nos hicieron un regalo que acabó con nuestros problemas de transporte. Papá no había conseguido una camioneta con elevador para mi silla que pudiésemos comprar por lo que, cada vez que tenía que ir a algún lado, la silla de ruedas conmigo arriba tenía que ser levantada por dos hombres fuertes para entrarnos al viejo ómnibus VW de la familia. Varias veces la silla se fue de costado y me caí al pavimento. Una vez dentro, no podía sentarme derecho porque el techo era bajo y tenía que hacer el viaje en una posición incómoda. Tener que enfrentar esta situación cada vez que teníamos que salir de casa, nos llevó a pedirle al Señor en oración que nos ayudara a conseguir una camioneta que estuviese al alcance de nuestro presupuesto.

Nuestras oraciones fueron contestadas el día en que una maravillosa pareja de la localidad, John y Bessie Miller le entregaron a papá las llaves de una camioneta Ford verde, nueva, equipada con elevador para silla de ruedas. Me sentí como Cenicienta al ver su carroza por primera vez. Pero este no era un cuento de hadas, los Miller nos habían dado el título de propiedad y las llaves. La camioneta era nuestra, era el regalo de dos personas muy buenas... y de Dios.

Yo enseguida la bauticé "Arveja verde" y desde entonces he viajado cómodo a donde el Señor me ha enviado.

El verano siguiente, recibí con mucho placer el llamado telefónico de Annette. Había oído algo de ella en una o dos ocasiones desde mi regreso a casa y supuse que ella no estaba interesada en continuar nuestra relación. Por eso me sorprendió su llamado.

—Pensé en ir para allá por unos días —me dijo—. Bueno, si quieres.

—¡Super! Nos acabamos de mudar a la cabaña y me encantaría que la vieras. Puedes compartir la habitación de Pennie —le dije. No quería que se hiciera una idea errónea; tendría que saber a qué atenerse—. ¿Te acuerdas que la última vez que nos vimos yo estaba amarrado a un armazón?

—¡Claro! ¿Y qué tal están las cosas?

—Bueno, estoy en silla de ruedas y me desenvuelvo bastante bien aunque los médicos me dijeron que no volveré a caminar.

Se hizo un corto silencio del otro lado de la línea. Luego dijo:

—¡Cuánto lo siento, Ron! Pensé que tal vez...

—Sí, ya sé. Todos creímos lo mismo, pero no todas las historias tienen un final feliz.

Después de colgar, pensé: *Bueno, se lo dije. Si ella lo quiere reconsiderar y no venir a verme, está a tiempo de retirarse elegantemente.*

Me alegré enormemente cuando a los pocos días Annette me llamó para darme la fecha de llegada de su avión. Cuando mi primo Brad me llevaba al aeropuerto en la Arveja Verde, parecía un adolescente en su primera cita.

Cuando Annette avanzó por la rampa y nos saludó con la mano, le dije a Brad entre dientes:

—¡oye, es más linda de lo que me acordaba!

—Tranquilo, amigo —me contestó sonriendo— nunca dejes que una chica linda te ponga la soga al cuello.

Annette nos saludó cálidamente, mirándome coquetona con sus azules ojos. Estuve tentado a decirle lo hermosa que estaba, pero recordé la advertencia de Brad y me tragué las palabras.

Mi familia también estaba contenta de ver a Annette, pero dándose cuenta que queríamos estar a solas, después de cenar salieron discretamente y nos quedamos solos en la sala. Le sonreí cálidamente, pensando qué lindo era tener a Annette conmigo. Pero lo que dijo no era lo que yo quería escuchar.

—Ron, hay algo que quiero que sepas —empezó diciendo, yendo directamente al grano—. Eres un gran muchacho y yo te admiro, pero...

Yo no pude hablar. Cuando ella decidió viajar a Oregón, a pesar de saber que mi incapacidad era permanente, yo asumí que podríamos reanudar nuestra relación en donde la habíamos dejado. En cambio, el tono de su voz me estaba enviando un mensaje diferente.

—No sé como decirte esto sin herirte. Hubiese querido que las cosas fueran diferentes. Intenté aceptar...verdaderamente, traté. Pero, simplemente, no puedo...

Qué ironía —pensé—. *Hace solo unos pocos meses me estaba despidiendo de Karla mirando sus grandes ojos azules y ahora, perdido en otra chispeante mirada azul, volvía a decir adiós. Así será siempre... lo sé, lo siento. Ninguna mujer querrá unir su vida a un cuadriplégico.*

Cuando ella tartamudeó, buscando cómo decirlo, en medio de la frase, yo la terminé por ella.

—¿No puedes lidiar con mi incapacidad? ¿Eso es lo que tratas de decirme, no?

—Ron, perdóname. No quiero lastimarte.

—Está bien, Annette. Comprendo y valoro que seas honesta conmigo, no permitiendo que me haga ilusiones acerca de tus sentimientos hacia mí.

—Tengo sentimientos hacia ti, Ron —dijo con sinceridad—. Pero son sentimientos de amistad.

Se quedó ocho días. El bueno de Brad nos llevó a la costa un día y a las montañas otro día. Cuanto más tiempo pasábamos juntos, más determinado estaba a demostrarle —lo mismo que a mí mismo— que la incapacidad no me privaba de ser una buena compañía o un individuo que valiese la pena. Estaba seguro que Annette estaba disfrutando su estadía y eso me alentó.

Varias veces, cuando íbamos en la Arveja Verde y Brad doblaba rápido en una esquina, yo me tiraba a propósito sobre su hombro. Ella no se retiraba sino que se acercaba, me tomaba la mano y la retenía entre las suyas.

La noche antes de irse volvimos a conversar acerca de los sentimientos del uno por el otro. Yo esperaba que el tiempo que habíamos pasado juntos hubiese hecho alguna diferencia, pero sus palabras me pusieron en vereda.

—Ron, he disfrutado mucho el haber estado contigo —me dijo— significas más de lo que yo creía, pero...

—No lo digas, Annette. Ya lo sé, pero me alegra que podamos ser amigos.

—Me alegra que lo comprendas, Ron. Créeme, tú siempre tendrás un lugar muy especial en mi corazón.

—Lo mismo digo, Annette. Gracias por haber venido. Me pregunto si... te importaría... ya sabes, tú eres la primera chica que besé y deseaba...

—¿Qué?

—¿Me volverías a besar, recordando los viejos tiempos?

Annette se acercó a mi silla de ruedas, se agachó, me pasó los brazos por el cuello y me dio un prolongado beso de despedida.

Con sus labios sobre los míos pensé si ese sería el último beso que recibiría en mi vida.

15 Charlatanería

Había aceptado mi incapacidad... casi. Una incursión al diario de mamá me hizo ver que estábamos orando en la misma longitud de onda. Ella escribió:

Querido Señor, te pido...no, te suplico, Señor, que le devuelvas a Ronnie el uso de sus brazos. Él no quiere vivir así y depender de los demás el resto de su vida. Tú ves lo indefenso que se siente. Señor, por favor. Por favor, Señor, muéstranos lo que podemos hacer, adónde podemos ir en busca de ayuda. Señor, te estamos pidiendo un milagro y te agradezco la respuesta por adelantado.

Familiares, amigos y conocidos nos ayudaron en la búsqueda de lesiones vertebrales y los distintos descubrimientos para curarlas, desde lo sobrenatural hasta lo extravagante. Pero mamá y yo estábamos dispuestos a tratar casi todo. Mamá me puso en un programa de vitaminas y minerales con la esperanza de que se me curasen los nervios dañados. Aumenté unos kilos, pero nada más.

Después tratamos con varias técnicas de masajes con los mismos resultados negativos.

Luego vino el episodio del DSMO. Un alma bien intencionada le dijo a mamá que había una marca de linimento para caballos paralíticos. Estábamos lo bastante desesperados —tal vez *crédulos* sea un término más apropiado— como para adquirir una buena cantidad y comenzar a frotarme los hombros y el cuello. El ungüento olía a ostras. No sólo que tenía un olor desagradable, sino que mi sistema absorbía ese olor y todo lo que comía tenía gusto a pescado. Me sentí muy agradecido cuando terminamos con ese remedio.

Como último recurso nos pusimos en contacto con un "médico naturista" de Idaho, quien de acuerdo a varios informes, había obtenido resultados fenomenales curando columnas vertebrales lesionadas. Cuando escribimos pidiendo información, nos envió un video adicional que mostraba a un joven que había estado paralizado y ahora caminaba sin usar un bastón siquiera. La literatura adjunta le atribuía el éxito a la terapia vitamínica empleada por el médico, estímulos eléctricos y algo llamado "limpieza del colon".

Parecía impresionante. Mirando el video, mi entusiasmo se remontó alto. *Quizás este sea el milagro por el que estuvimos orando.*

Una fría mañana de invierno, mamá, Mike, Wanda, la amiga de mamá y yo salimos rumbo a Idaho en la Arveja Verde. El bello panorama nos inspiró, levantando nuestra esperanza y haciendo correr nuestra imaginación hacia un futuro feliz. Estábamos atravesando una tierra de ensueño, en un invierno en el que flotaban en el aire copitos de nieve y las estalactitas pendían de las ramas de los árboles. A pesar del hermoso paisaje —sin mencionar las heladas condiciones de la ruta— estábamos tan ansiosos por llegar a destino que mamá paró solamente para lo necesario:

comer, ir al baño y echar gasolina. Cuando llegamos a la ciudad de Idaho donde atendía el médico, descargamos el reducido equipaje en un motel y salimos velozmente para la clínica. Mientras estacionaba la camioneta, vi la expresión de mamá por el espejo. Su expresión me dio a entender que no le había gustado las malas condiciones del vecindario ni el estado del edificio donde funcionaba la clínica. Adentro, la oficina del médico era oscura, sucia, desordenada y poco atractiva.

Me incliné hacia mamá y le dije: —No es muy prometedor ¿no? Mejor será que nos vayamos mientras podamos.

Mamá, la eterna optimista, me susurró: —Esperemos y veamos, hijo.

Finalmente, apareció el médico y comenzó a alabar el éxito obtenido en lesiones como la mía. Su discurso fue muy convincente y enseguida me sobrepuse a mi desgano y dejé que me pusiera en la mesa examinatoria. Puso parches de goma en los músculos atrofiados de mis brazos y piernas. Los parches estaban conectados a una máquina de aspecto misterioso con luces titilantes e indicadores. Era atemorizante, pero, al menos, no usaba agujas, por lo que no protesté.

Cuando el médico bajó una llave, pasó corriente eléctrica a los parches, sacudiendo mis brazos y piernas descontroladamente.

—¿Siente algo señor Heagy? —me preguntó una vez, intercalando los golpes eléctricos.

—No... todavía, no.

La sonrisa mecánica del médico se hizo más pronunciada al incrementar el voltaje.

—A veces lleva tiempo —me aseguró.

No pude sentir que mis brazos y piernas se movían pero me gustó ver que saltaban y pegaban tirones. En cuanto apagó la corriente, todo cesó y mis extremidades estaban tan muertas como siempre.

Me quedé ahí tendido esperando a ver qué pasaría a continuación.

—Señor Heagy, su cuerpo está lleno de toxinas. Se sentirá mejor después que le haga una irrigación del colon.

—¿Una qué?

—Una irrigación del colon. Necesita desintoxicar sus intestinos —explicó desenrrollando una larga cánula conectada a una manguera de jardín. Abrí los ojos muy grande cuando me colocó de costado y me di cuenta que me estaba por hacer un enema. Hubiese querido saltar de aquella mesa con todas mis fuerzas y salir de allí como un relámpago, pero todo lo que pude hacer fue apretar los dientes y cerrar los ojos mientras duraba aquel procedimiento.

Desplomado y malhumorado salí en mi silla de ruedas de la oficina del médico. Estaba desilusionado y desanimado. Lo único que quería era ir a casa, pero mamá y Wanda querían ver el paisaje.

Las laderas de esquí me deprimieron. Yo anhelaba ser partícipe, ponerme los esquíes y lanzarme montaña abajo. Al rato le pedí a mamá si por favor podíamos volver a casa.

—Claro, querido. Mañana —me contestó—. Wanda y yo queremos ir al centro comercial primero.

Habíamos dejado mi silla de ruedas eléctrica en casa porque era muy pesada. Por lo tanto, mientras mamá y Wanda iban de compras, Mike me llevaba sin rumbo de una tienda a otra para matar el tiempo. Cuando el aburrimiento fue demasiado para él, decidió divertirse a expensas mías. Íbamos por el pasillo central de una concurrida tienda cuando el desalmado bromista me lanzó de repente al sector de lencería femenina. Estábamos rodeados de maniquíes de tamaño natural vestidos con escasa indumentaria, al lado de mujeres que revolvían las mesas de medias.

—¡Eh, Mike! ¿Qué haces? ¡Vámonos de acá! ¡Vamos, sácame! —le dije entre dientes.

Se acercó por encima de mi cabeza haciendo una siniestra sonrisa. Reconocí el halo de venganza en sus ojos.

—¿Te acuerdas todas las veces que creíste que yo era tu bolsa de boxeo? —me provocó.

—¡Oh, vamos Mike! Esas fueron cosas de niños.

—Sí, lo sé. ¡Gran deporte! Como cuando me llevabas en el manubrio de tu bicicleta y me tiraste al río. ¿Te acuerdas?

—Eso fue un accidente; tú lo sabes.

—Tal vez. ¿Y que me dices del día que me llevaste en el cochecito de bebé y me lanzaste como una catapulta al barro? ¿Eso también fue un accidente? ¿Y cuando me forzaste a salir braceando de la cueva de nieve que se vino abajo? Casi me ahogo, y desde entonces sufro de claustrofobia.

Comencé a reírme con naturalidad. —Tienes muy buena memoria, Mike. Además, era para divertirnos.

—Si, claro, como ahora —me sonrió Mike, girando la silla de ruedas hacia el sector de los corpiños. Tomó uno con cintitas y copas del tamaño de pelotas de fútbol y me lo colocó sobre el pecho, enganchándomelo en la espalda. Después me sacó al pasillo central, atestado de compradoras y me dejó allí sentado. Solo.

16 Empezar de nuevo

No estaba en mis planes asistir a la universidad en silla de ruedas. Pero después del desilusionador viaje a Idaho en busca de una cura, acepté, finalmente, el hecho que tendría que usar mi cerebro en vez de los músculos para ganarme el sustento. "La mente sobre el músculo" se convirtió en mi lema.

Animado por mi "club de admiradores", mamá, papá, tía Donna y mi consejero vocacional, me inscribí en Linn Benton Community College para cursar ese semestre. Arleta, la hermosa esposa de mi primo Brad, se ofreció a ser mi "choferesa" y encargamos una máquina de escribir que usaría con un palito en la boca.

Finalmente, después de contratar estudiantes que tomaran notas y me ayudaran en las clases, estaba listo para empezar.

Tomé solamente dos clases, lengua y matemática intermedia, lo que para mí era una pesada carga. Ambas materias me gustaban y, como resultado, lo hice bastante bien.

En la secundaria mis notas eran mediocres. Yo confiaba en los logros atléticos para pasar. Por lo que me sorprendió recibir A en mi primer examen de álgebra.

Iba a clase con una sonrisa, ansioso de aprender, emocionado ante la posibilidad de lo nuevo que tenía por delante. Y, como bono adicional, porque mi actitud había cambiado de negativa a positiva, hice gran cantidad de amigos.

Cuando me llegó la silla de ruedas eléctrica, me imaginé a mí mismo recorriendo los pasillos de los predios universitarios por mí mismo, como cualquier otro estudiante que disfruta su libertad. Pero aprender a manejar con el mentón ese coche de carrera fue más difícil de lo que me imaginaba. Lo primero que hice fue estrellarme contra una mesa y hacerle trizas a mamá una de sus más preciadas lámparas. Cayó al suelo y se hizo añicos. Después de ese hubo varios accidentes más. El botón reclinatorio funcionaba mal y me hacía caer de espaldas hasta que mamá venía a mi rescate. Mi nueva silla me frustró y me desilusionó y decidí no volver a usarla. Pensé que sería más fácil y cómodo trasladarme en la silla convencional de una clase a otra en vez de verme humillado con aquel monstruo de metal que me hacía sentir como un robot. Cuando terminara la clase, podría pedirle a algún compañero que me llevara a la clase siguiente. Al principio fue incómodo pedir ayuda.

Pero, en seguida me di cuenta que tener que contar con la ayuda de otros alumnos era una buena manera de acercarme a ellos y así fue como conocí muchas chicas lindas.

Mientras tanto, mi nueva silla estaba en un rincón del garage cubierta con una manta.

Me sentía feliz de nuevo y no era solamente debido a mi categoría de estudiante, lo que me ayudaba a iniciar algo con fuerza y una actitud positiva. A principio de año, el diario *Allbany Democrat Herald* había publicado un artículo sobre mi accidente, incluyendo fotografías de mí como luchador y luego como cuadriplégico. Muchos lectores me llamaron después o me escribieron haciendo comentarios sobre mi testimonio cristiano y mi disposición de ánimo positivo.

Dos de esas lectoras —unas atractivas adolescentes— se aparecieron en casa un día cuando me encontraba sentado afuera al sol, con el torso desnudo. Las había traído el pastor de una iglesia local. Cuando se bajaron del auto y comenzaron a acercarse, le grité a mamá para que me trajera una camisa. Desafortunadamente, no llegó a escuchar mi frenético SOS, por lo que, ahí estaba yo, atrapado en mi silla con el torso desnudo, descalzo y la cara colorada de vergüenza cuando el pastor se presentó y me presentó a las chicas.

Mortificado, casi no los podía mirar mientras el pastor me explicaba que las chicas habían leído el artículo del periódico y querían conocerme. Me dijo que eran del este de Oregón pero que estaban trabajando en un proyecto misionero en nuestra área.

Cuando finalmente apareció mamá y me ayudó a ponerme una camisa, me sentí más aliviado y, por primera vez, miré bien a las chicas. Ambas eran atractivas, pero una de ellas era especialmente bonita. Me gustó su conversación amistosa y cálida y la manera en que me miraba a los ojos al hablarme. Me hizo pensar: ¿será posible? Será ella... no. *Ron, no. No empieces otra vez con ese tema* —me regañé a mí mismo—. *Has sido herido dos veces al pensar que las chicas lindas pueden sentirse atraídas hacia ti por lo que tú eres. ¡Olvídalo, muchacho!*

Se quedaron como una media hora comparando el proyecto de su viaje misionero a Oregón con el mío a Brasil con Teen Mission. Cuando se fueron, le dije a mamá abruptamente:

—Mamá, esa chica es asombrosa. Si fuera normal, ya le hubiese pedido que saliera conmigo.

—¿Qué quieres decir con que si fueras *normal*? —preguntó mortificada— sólo porque tus brazos y piernas no funcionan, no significa que eres una persona inferior. Si la quieres invitar a salir ¡hazlo!

Mi temor al rechazo era más fuerte que nunca, pero las palabras de mamá me animaron. *¿Qué tienes que perder?* —me pregunté a mí mismo—. *Nunca lo sabrás hasta que no lo intentes.*

Con el corazón en la boca, llamé a Tammy.

—Hola, soy Ron. Ron Heagy.

—¡Ah! ¡Hola!

—Disfruté mucho tu visita ayer. Fue muy lindo que hayas pasado a visitarme. Lamento haber estado tan callado cuando llegaron. Necesitaba ponerme una camisa y eso era en lo único que podía pensar.

—Está bien. Tendríamos que haber llamado primero. Fue lindo que nos recibieras.

—Me preguntaba si... quiero decir, si quisieras... bueno, ¿quieres ir al cine?

Hubo una ligera pausa antes de contestar. —¡Oh, claro! Me gustaría.

Le dije lo mucho que me disgustaba no poder conducir.

—No te preocupes, Ron. Yo conduciré. Será divertido.

Lo pasamos bien juntos esa noche y seguí saliendo con Tammy hasta que el proyecto misionero terminó y ella regresó al este de Oregón. Desde entonces, nos carteamos con regularidad y nos visitamos de vez en cuando. Mi relación con Tammy me enseñó que si *era* posible que miembros del sexo opuesto disfrutaran mi compañía y no hallaran intimidatoria mi silla de ruedas o mi incapacidad.

Tammy me enseñó que en la medida en que yo mantuviera una actitud positiva sobre mí mismo, los demás me verían de la misma manera.

Nos hicimos buenos amigos y yo le confiaba sentimientos que no compartía con nadie más. Una tarde, estando sentados a la orilla del río contemplando una sensacional puesta de sol, le confesé lo mucho que había ansiado siempre encontrar alguien con quien casarme y formar una familia.

—Ahora, me temo que eso nunca suceda.

—¿Y qué dicen los médicos?

—Dicen: ¡Búscalo! —le contesté con una sonrisa forzada—. Dicen que físicamente es posible pero ¿encontraré alguien que pueda luchar con mis incapacidades?

—Ron ¿por qué no le dejas a Dios el futuro en sus manos? Si es su voluntad —me aseguró con una confiada sonrisa— te casarás y tendrás hijos. Él sabe lo que es mejor... para ti y para mí.

17 Julie

Mientras esperaba que comenzara la clase de álgebra, una bonita chica se paró al lado de mi silla de ruedas. Iba con una raqueta de tenis en la mano y los libros y llevaba una camiseta atada a su delgada cintura.

—¿Este asiento está ocupado?

Incliné mi cabeza dándole lo que yo creí era una deslumbrante sonrisa y contestándole con mi mejor tono de tipo vivo.

—Sí, de hecho, te lo estaba guardando para ti. Adelante. Siéntate.

Se llamaba Julie y para cuando terminó la clase, éramos amigos. Se ofreció a llevarme a mi próxima clase.

—Yo también estoy tomando psicología —dijo con una brillante sonrisa.

—¿Seguro que no te importa?

—Claro que no. Estoy acostumbrada a las sillas de ruedas. Jim, mi hermano mayor, tuvo un accidente de moto y usa una también.

Durante las semanas siguientes, nuestra amistad creció y hablábamos de todo bajo el sol. Julie tenía cuatro años más que yo y no estaba ni un poquito intimidada por mi incapacidad. Observando su precioso rostro radiante de animación un día mientras me contaba una historia divertida, la vieja idea volvió a surgir en mi cabeza. Comencé a preguntarme... *No, olvídalo, Ron. Conténtate con ser amigos y no pienses en romance. Recuerda que ya has pasado por eso y sufriste, no una, sino dos veces. ¡Vamos, sé realista!*

Cualquier pensamiento que pudiese haber tenido en cuanto a ser más que amigos, murió el día que vio el emblema del pescado en mi chaqueta.

—¿Eso significa que eres cristiano?

—Sí.

—¿En serio? Yo también. Mi novio también es cristiano.

—¿Tu *novio*? —repetí, totalmente desprevenido—. ¿Estás comprometida?

—Sí. Es más, mi novio me llevó al Señor.

—Eso es... es maravilloso, Julie.

Deseando desesperadamente actuar con naturalidad y no demostrar mi desilusión, agregué rápidamente:

—Enseño una clase en casa una vez por semana. Nos sentamos frente a la chimenea, tomamos algo y hablamos. Eres más que bienvenida a unirte al grupo.

—Gracias. Me gusta. ¿Te importaría si voy con mi compañera de cuarto? Se llama Connie.

—Sería grandioso.

Cuando Julie apareció el miércoles siguiente, venía acompañada con Connie. Era una estudiante de mi edad y muy simpática. Enseguida nos hizo reír a todos. Cuando se iban, Connie se agachó a mi silla y me dijo:

—Me gustaría salir contigo, Ron. ¿Quieres ir al cine?

—Claro. ¿Quieres ir?

—Me encantaría.

Hicimos una cita para el viernes siguiente. Yo no me había percatado que alguien hubiese escuchado nuestra conversación, hasta que al día siguiente, cuando Julie me vio vino corriendo a mi encuentro.

—Ron, tengo que hablarte de algo importante.

—¿Pasa algo? —me sorprendió el apremio en su voz.

—Bueno... si, creo que se podría decir que pasa algo.

—¿Qué?

—Tengo entendido que invitaste a salir a Connie.

—Bueno, si, algo así. Vamos a ir al cine. ¿Qué hay de malo? —mi primer pensamiento fue que Julie no aprobaba que su compañera de cuarto saliera con un cuadriplégico. Al no responder inmediatamente, le volví a preguntar: —¿Hay algún problema?

Ella desvió la mirada y fijó los ojos en el suelo.

—Ron... me temo...

—¿Temes? ¿De qué tienes miedo? ¿Pasa algo que yo no sepa? ¿Qué pasa?

—Ron... me temo... que... —hizo una pausa, como reuniendo fuerza. Luego, las palabras salieron en un solo y rápido aliento—. Me estoy enamorando de ti.

Me quedé con la boca abierta. *¿Será alguna broma de mal gusto?* —me pregunté asombrado.

—Pero... creí... tú dijiste que estabas comprometida. Pensé que éramos solo amigos.

Ella me miró con una expresión de sufrimiento.

—¿Eso es todo lo que quieres que seamos, amigos? Creí que... bueno... pensé que podrías ocuparte de mí como algo más que una amiga.

—Pero, Julie... —titubeé— Tu novio...

—Estoy pensando que cometí un error, Ron —me dijo cambiando de tono, como si estuviese a punto de llorar.

—Julie. Yo... bueno, si estás segura en relación a esto....

Casi antes de darnos cuenta lo que estaba pasando, cancelé mi salida con Connie, Julie rompió su compromiso y nos veíamos regularmente.

Julie era especial. Linda y vivaz, parecía irradiar un resplandor que me levantaba el ánimo y me hacía sentir bien. Ella pasaba por alto mis limitaciones físicas y me hacía sentir como un rey. Como nueva cristiana, ella valoraba mi fortaleza espiritual y disfrutábamos algunas largas discusiones acerca del significado de ser cristiano. Por primera vez desde mi accidente, me sentí *necesitado*... y por alguien muy especial.

Sabía muy poco de la familia de Julie, excepto que tenía un hermano parapléjico. Nos invitó a Connie y a mí a ir a su casa para Semana Santa.

—Ron, quiero que conozcas a mis padres y a mi hermano. Tú y Jim se llevarán muy bien.

—¿Y tus padres? ¿Qué sentirán al ver que su hija está saliendo con un hombre en silla de ruedas?

—Te querrán tanto como yo, Ron —me dijo firmemente, mirándome fijo.

—¿Y si no? —yo tenía que estar seguro.

—No te preocupes, Ron. Mis padres comprenderán. Después de todo, ellos tienen un hijo discapacitado.

La casa de Julie estaba a dos horas de Brownsville, y durante todo el camino me preguntaba qué clase de recibimiento me darían. Luego de lo que me pareció una eternidad, llegamos a la ciudad y tomamos una ruta local.

—Casi llegamos —dijo Julie. Cuando el camino se bifurcó, yo esperaba que doblara a la derecha, entrando al sendero de un modesto bungalow rodeado de plantas y flores. En cambio, dobló a la izquierda, tomando una amplia entrada que llevaba a un impresionante portón. Siguiendo por esa entrada, pasamos al lado de un avión parado en una pista privada.

—¡Epa! ¡Qué lugar! ¿De quién es ese avión?

—De papá —dijo Julie simplemente.

—¿Tú padre tiene un avión? ¿Por qué no me lo dijiste? Sonrió traviesa. —Porque no preguntaste. Por eso.

Connie se rió ante mi perplejidad.

—Ron ¿quieres decir que Julie no te dijo que su papá es millonario? Es dueño de toda esta tierra y mucho más.

Abrí la boca y los ojos desmesuradamente de asombro.

—¡Estás bromeando!

—No, no lo estoy —siguió diciendo Connie—, espera y verás el resto de la hacienda. El señor Richards es un hombre importante en esta parte del estado. Me sorprende que Julie no te lo haya dicho.

Con la boca abierta todavía y las cejas enarcadas, miré a Julie con sorpresa.

Ella se rió y se encogió de hombros.

Pasamos por un monte virgen y un huerto de frutas donde los árboles estaban a punto de florecer. Había una fuente de agua que corría a lo largo del pintoresco y ventoso camino atravesado por una pequeña pradera. Seguimos avanzando por un jardín rodeado por un límpido lago. Más allá del lago, construida sobre la ladera de una montaña, estaba la casa de Julie; una mansión de media hectárea que dejaba a la casa de los Heagy como una casita de muñecas.

—La cancha de tenis está atrás de la casa —comentó Connie— lo mismo que la cancha de raqueta y el jacuzzi. Está todo cerrado para poder usarlo todo el año.

Mis ojos se pasearon por la hacienda al tiempo que se agolpaban infinidad de preguntas en mi cabeza. *¿Cómo es posible que una chica de una familia influyente esté interesada en un muchacho discapacitado físicamente con raíces humildes como las mías?*

Por lo menos, un pensamiento surgió en mi mente que me dio confianza mientras contemplaba los jardines que rodeaban la casa de Julie: ciertamente que a ella no la atraía ni mi físico ni mi dinero. Todo lo que tenía para ofrecerle era amor y compañerismo. Deseaba de todo corazón que eso fuese suficiente.

La mamá de Julie nos recibió cálidamente. Con su hospitalidad y su amabilidad, me hizo sentir bien desde el principio. Como su hija, era fácil hablar con ella y en seguida me atrajo.

Por otro lado, el papá de Julie era un hombre de pocas palabras. Hijo de padre alcohólico, se había ido de la casa a los catorce años y después de una vida de duro trabajo, había empezado un negocio y construido un imperio.

El señor Richards me saludó con una dura y reservada sonrisa mientras sus ojos se fijaban en mi silla de ruedas y en el paralizado ocupante. Su cuidadoso escrutinio me hizo sentir incómodo al tiempo que yo trataba de averiguar lo que él estaba pensando. A pesar de la seguridad de Julie, sospeché que él no estaría muy feliz con el muchacho cuadriplégico con el que estaba saliendo su hija.

Los tres hermanos de Julie y sus familias vivían en casas de la hacienda y trabajaban para el padre. Jack era el mecánico principal. Se encargaba del equipo pesado que usaban para cortar madera, llevarla al molino y luego al mercado. Tom era el comprador y el supervisor. Viajaba por la campiña licitando madera y supervisando a los trabajadores que la cortaban. Jim era el mayor, trabajaba como gerente, ocupándose de los papeles de la compañía, en su silla de ruedas.

La señora Richards nos preparó una deliciosa cena de Pascua y la sirvió en su espacioso comedor. Sin que se lo pidiera, Julie me cortó voluntariamente la comida y me dio de comer con tanta facilidad y soltura que no resultó en absoluto incómodo. Disfruté la comida y la compañía, todavía asombrado de encontrarme rodeado de tanta opulencia, siendo el invitado de una joven muy especial que tenía sentimientos especiales hacia mí.

Después de cenar, Jim me llevó a dar una vuelta por la hacienda en un pequeño vehículo de oruga que cruzaba los pantanos, pasaba entre los árboles, se subía a las montañas y atravesaba cualquier clase de terreno como si estuviese en una autopista.

Jim y yo simpatizamos inmediatamente. Yo admiraba la forma en que él se negaba a dejar que su impedimento físico lo detuviese o le impidiese disfrutar la vida. Había encontrado la manera de continuar gozando mucho de los deportes que había disfrutado antes de perder el uso de sus piernas. Esquiaba en la nieve en un artefacto que él llamaba silla de esquiar, y cuando se derretía la nieve, jugaba a la raqueta o navegaba en balsa. Era inspirador estar con él. Ya tarde aquel día, Julie nos llevó a Connie y a mí de vuelta a Brownsville. Mientras Connie y yo conversábamos animadamente acerca de lo mucho que nos habíamos divertido, Julie, con las manos en el volante y la vista fija en el camino estaba silenciosa y un poquito caída.

—¿Algo anda mal? —le pregunté cuando habíamos dejado a Connie e íbamos camino a casa.

—No, Ron. Nada anda mal. Solamente que estaba pensando lo lindo que fue tenerte hoy con mi familia. Pero, para ser honesta, pensaba qué lindo hubiera sido tenerte para mí.

El viaje que habíamos hecho con Connie a casa de Julie fue el último como un trío. De ahí en adelante, Julie y yo salíamos estrictamente como pareja.

Un día me invitó a ir con ella a la costa en su pequeño Honda.

—Parece divertido —le contesté—. ¿Pero cómo me vas a meter en tu auto? Será mejor que usemos la Arveja Verde.

—No será necesario. Puedo levantarte; no hay ningún problema —insistió confiadamente.

Pero *había* un problema; yo era demasiado pesado para ella. Después de empujar, forcejear y luchar, logró sacarme de la silla, pero mientras trataba de darme vuelta, caí hacia adelante, de cara, contra el asiento del auto.

—¡Aaajjjj! ¡Me estás aplastando la nariz! —grité, bromeando. Cuando finalmente logró colocarme en posición erguida y colocarme los hombros contra el respaldo, nos estábamos riendo tanto que casi no podíamos hablar. Al fin, cuando recuperé el aliento, miré a Julie y le pregunté:

—¿Estás segura que quieres ir en tu auto en vez de usar la camioneta?

—Sí, estoy segura. Tengo que aprender a cuidarte. ¿Por qué no empezar ahora?

Sus palabras quedaron flotando en el aire por un momento, era un compromiso de por vida.

Hicimos un hermoso paseo a lo largo de la costa. Al dirigirnos hacia casa, vimos unas nubes negras formándose en el horizonte. Cuando llegamos estaba lloviendo. Sacarme del auto fue más difícil que meterme porque mi silla de ruedas era mucho más alta que el asiento del auto. Después de forcejear un par de minutos, le sugerí que entrara a casa y le pidiera ayuda a mi familia.

—¡De ninguna manera! —me dijo acaloradamente—. Yo te metí ahí adentro y puedo sacarte.

Ya para entonces estábamos empapados, pero ella no se daba por vencida. Me pasó los brazos por debajo de los míos, afirmó un pie en el marco de la puerta y me levantó, sacándome del asiento del Honda.

—¡Listo! —exclamó con voz ronca debido al esfuerzo, mientras me levantaba.

De pronto, empecé a escurrirme de sus manos mojadas y el pie de Julie se enganchó con los míos. Antes de darnos cuenta, ambos estábamos metidos en el barro, en el camino de entrada y Julie encima de mí.

—¡Oh, Ron! ¡Oh, lo siento! —exclamó poniéndose enseguida de rodillas y sacándose el barro de los ojos.

—Ve a buscar a papá —murmuré.

Con un suspiro de estar vencida, se apresuró adentro. Vi que se encendían las luces en las ventanas. Papá ya estaba durmiendo. Mientras esperaba tendido en el sendero, temblando de frío y con la lluvia mojándome la cara, pensé: *bueno, esto le demostrará a Julie lo indefenso que soy. No la culpo si decide no estar lista para esta clase de compromiso.*

Me sentí aliviado —y un poquito sorprendido— al darme cuenta que a medida que pasaba el tiempo, la experiencia con Julie en el barro nos unía más en vez de alejarla de mi lado. Tal vez fuera el fuerte instinto maternal y nutritivo de Julie lo que la llevaba a amarme; o quizás fuese una necesidad afectiva. Cualquiera que fuese la razón, ella pasaba cada vez más tiempo con nosotros y, con cada día transcurrido parecía que nuestro futuro estaba más firmemente definido como algo para compartir juntos.

Julie y yo gustábamos de placeres sencillos como las puestas de sol en Oregón, que ponían el cielo de verano de distintos tonos de rosa y púrpura antes de ponerse en las montañas. Un momento memorable fue aquel en que estábamos sentados en medio de un campo de trigo mirando las estrellas en el cielo.

El amor de Julie me fortalecía. Su estímulo me animaba a probar cosas nuevas. Encontré el coraje de aventurarme a hacer cosas que estaban más allá de las barreras que me había imaginado para mí mismo. Uno de los grandes pasos que tomé fue decirle a mamá que me iba a mudar a un lugar para vivir solo. Esperaba que se opusiera a la idea... y así fue.

—Ronnie, no estoy segura que sea una sabia decisión. Desde tu accidente, siempre ha habido alguien a tu lado

—me dijo—. Piensa en todas las veces en que necesitaste ayuda y todo lo que tuviste que hacer fue llamar y uno de nosotros estuvo ahí. Querido, tu padre y yo estaríamos preocupados si te mudas.

—No deben estarlo, mamá —le aseguré con forzado optimismo en la voz. Aunque era algo que verdaderamente quería hacer, sabía que era un riesgo. Pero tendría que hacerlo. Tendría que ver si podría sobrevivir por mí mismo—. Tengo veintiún años; ya es hora que corte el cordón umbilical, mamá. Alguno de mis compañeros de secundaria ya están casados.

—Sí, pero para ti es diferente, Ronnie. Tú tienes necesidades especiales.

—Es verdad, pero no puedo depender de ti y de papá para siempre. Ya es hora que empiece a ocuparme de mí mismo —argumenté.

A pesar de los temores de mis padres, usé mi pensión por incapacidad para alquilar la mitad de un *duplex* en Lebanon, Oregón, a 27 kilómetros de mi familia; contraté un acompañante de tiempo completo y me mudé por fe.

Mi nueva casa estaba en un proyecto de vivienda de bajo alquiler, pero a mi novia rica parecía no importarle. Aparentemente, ella había decidido quedarse a mi lado sin importarle donde viviera. La vida era buena y mirábamos esperanzados el futuro.

Entonces, sin previo aviso, la enfermedad volvió a golpearme.

18 Decisiones dolorosas

Un día, Julie y yo estábamos disfrutando una tarde tranquila en mi acogedora casa nueva y al día siguiente me encontraba nuevamente en el hospital con 40 grados de fiebre.

El médico tenía el semblante sombrío cuando me trajo los resultados de los análisis a la habitación.

—Ron, tienes un cálculo en el riñón del tamaño de una moneda.

—¿Y...?

—Y necesitas cirugía. Ahora mismo.

—Ah, no —gruñí, viendo que el feliz futuro con el que había estado soñando hacía un par de horas atrás, se desvanecía de mi vista. En operaciones anteriores había tenido paros cardíacos en dos oportunidades y me asaltaba la idea de "tres ataques ¡fuera!"

Sintiendo mi desesperación, el doctor me recitó rápidamente todas las opciones a mi alcance.

—La piedra tiene que ser sacada por medio de cirugía convencional. Pero también hay tratamientos nuevos que se pueden emplear. Uno es cirugía con laser, lo que parece ser lo próximo a emplearse. También es posible el ultrasonido. Y también existe un procedimiento nuevo llamado técnica de recobro en canasta. Pero —continuó diciendo— no estamos equipados para hacer *ninguna* de ellas acá.

—¿Quién lo está?

—Creo que hay un hospital en San Francisco que está haciendo las tres.

Julie me llevó a San Francisco. Fuimos directamente al hospital, siguiendo una estela de sangre desde el estacionamiento hasta la sala de emergencia. El sitio era una casa de locos. Acababa de llegar un herido al que le habían disparado, junto a un integrante de una pandilla al que le habían dado una puñalada en una pelea callejera.

Una mujer histérica, parada al lado del pandillero, lloraba y gritaba a más no poder.

Atónitos ante la caótica escena, Julie y yo estuvimos tentados a dar la vuelta sin siquiera registrarnos. Viendo retrospectivamente lo que sucedió, desearía haber seguido aquel primer instinto.

En cambio, Julie llenó los papeles y me puso la lapicera en posición en la boca para que yo los firmase. Luego, un enfermero me llevó hasta la cama que me habían asignado en un pabellón de cirugía. El panorama de aquella gran sala no difería mucho de la sala de emergencia. Estaba superpoblada; había camas alineadas a las paredes, dejando apenas un estrecho pasillo en el medio. Peor aún, había un olor espantoso y no se veía nada limpia.

Le di una mirada a Julie, compartiendo un pensamiento: *¡salgamos de acá!* Justo en ese momento, una enfermera de aspecto recio, nos vio y se apresuró hacia nosotros. Su tono fue tan brusco y sus palabras fueron dichas con tanta dureza que no nos animamos siquiera a murmurar o disentir.

—Espera allí —le ladró a Julie. A continuación afirmó el pie, tomó aire, me sacó de la silla, me desplomó sobre la cama y comenzó a desvestirme sin tomarse la molestia de cerrar la cortina para tener cierta privacidad. Sin decir palabra, me arrancó toda la ropa, me puso la bata del hospital, y abruptamente, se dio media vuelta y se fue levantando la barbilla al pasar al lado de Julie indicándole que ya podía pasar.

Pero esos modales no eran nada comparados con la dolorosa tribulación que me aguardaba a la mañana siguiente. Yo esperaba que me llevaran en silla de ruedas a la sala de operaciones, pero me llevaron a una sala de tratamiento donde el médico residente me explicó de manera práctica:

—Esto es muy sencillo. Voy a introducirte un catéter en el riñón y llenarlo de una solución que disolverá la piedra en unos días.

—¿Sin anestesia general? —le pregunté subiendo una octava el registro de voz.

—Sí, claro. Sólo necesitarás local.

Tragué saliva. —¿Y usted dice que con eso se *podría* disolver la piedra? ¿Y si no se disuelve?

—Entonces probaremos otra cosa.

El procedimiento "sencillo" se convirtió en una dolorosa experiencia. De regreso en mi cama, le confesé a Julie.

—Siento el riñón como si se estuviese incendiando. Julie... tengo miedo de estar solo en este lugar. ¡Por favor, no me dejes!

—Estaré aquí —me dijo—. No me voy.

Durante toda mi estadía en el hospital, Julie no se movió de mi lado más que para ir de vez en cuando al baño o a la cafetería. Hasta las noches las pasó sentada en una silla al lado de mi cama.

A los seis días, la piedra todavía no se había disuelto, pero la piel y la carne del área de la ingle estaba seriamente quemada a consecuencia de la medicación, y las heridas se habían infectado. La mala impresión acerca de este hospital se había acentuado. Cuando vino el médico, le dije enfáticamente:

—¡Olvídelo! Saque los tubos. Me voy de aquí.

—Es su decisión, señor Heagy. Pero creo que está siendo apresurado —me respondió con calma—. Esperábamos poder disolver la piedra con la medicina, pero no dio resultado. Pero tengo confianza en que podamos retirarle la piedra sin cirugía, si nos deja intentarlo.

—¿Cómo se hace? —le pregunté, escéptico todavía.

—Hacemos una pequeña incisión en el costado e introducimos un tubo directamente en el riñón. Una cámara quirúrgica localiza la piedra, y un aparato en forma de canastita la retira. La operación total, lleva unos cuarenta y cinco minutos; una hora, a lo sumo. Verdaderamente, es muy sencilla.

Pensé: *si ¡eso mismo me dijeron antes!* Pero cuando Julie asintió, dándome vía libre con la cabeza, decidí darle a estos muchachos otra oportunidad más.

—OK, pero si no tienen esa piedra en sus manos esta noche, me voy de aquí.

Nuevamente, me dieron anestesia local. Esta vez, vi el procedimiento en una pantalla colocada encima de mi cabeza.

Al principio, me fascinó el intento quirúrgico para retirar la piedra, pero los cuarenta y cinco minutos se hicieron una hora, y la hora se extendió a dos. Ya para entonces, el dolor era tan intenso que había empezado a transpirar y tenía la cabeza como si me la hubiesen golpeado a martillazos. La conversación trivial de los médicos no me inspiraba ninguna confianza; parecía que se tomaban todo el asunto como un deporte. Uno dijo:

—Creo que lo tenemos. OK, sube la canasta. Eso. Uuups... se fue. Intentemos de nuevo. Un poquito a la izquierda; ahora, a la derecha...

Finalmente, después de más intentos de los que pude contar, agarraron la piedra y aclamaron como si hubiesen encestado en un partido de baloncesto.

Pero la odisea no había terminado. Unos día después, el urólogo sugirió que diese otro paso para evitar la formación futura de cálculos renales. La opción que sugirió fue una de esas "buenas noticias, malas noticias".

—Primero la buena —le sugerí.

—Si le cortamos el esfínter, probablemente, no se le forme ninguna piedra más —me dijo, yendo directamente al grano.

—¿Y la mala?

—Si le cortamos el esfínter, probablemente quede impotente.

19

Sueños y promesas

as palabras del médico me tomaron de sorpresa. Me quedé mirándolo como si no lo hubiese escuchado correctamente; al fin, contesté.

—Quiere decir... ¿qué no podré tener relaciones sexuales?

—Exactamente.

—Oh —me salió la exclamación como el aire comprimido de una cubierta.

—No tiene que tomar la decisión ahora mismo. Tómese su tiempo para pensarlo —me dijo, encaminándose abruptamente hacia la puerta.

Me sentí burlado. *Esto es grandioso... este es el premio que recibo.* Mi mente ardía ante la angustiante idea. *Muchos de mis compañeros de secundaria andan dando vueltas por ahí, pero yo no. No, hice lo que tenía que hacer. Esperé. Y ahora, esta es la opción que tengo. Señor, a veces me parece que me ha quedado tan poco. En cuanto me sucede algo bueno —como que una chica bonita venga a mi vida y estemos planeando juntos el futuro— todo se va por la borda de nuevo. ¿Cuántas cosas más tengo que entregar? ¡Dios, no entiendo! ¿Por qué? ¿Por qué yo?*

—Ron... —Julie, parada a mi lado, levantó mi mano hasta su mejilla—. Ron, está bien. Sé que esto es difícil para ti, pero lo importante es tu salud, tu *vida* —me dijo besándome los nudillos, uno por uno.

A la mañana siguiente, el médico me hizo la cirugía. A los pocos días, sintiéndome derrotado y triste, Julie me introdujo en su pequeño Honda para iniciar el camino de regreso a casa. Ahogado en autocompasión y lamentando la pérdida de otro sueño, estaba callado, ensimismado, esperando el momento en que Julie me dijese adiós.

Ese momento llegó antes de lo esperado. Apenas habíamos salido del estacionamiento del hospital; ella me estiró y me palmeó el muslo.

—Ron, te quiero —me dijo tranquilamente.

No le contesté; sólo traté de poner una máscara de aceptación. Me dije a mí mismo que cualquier cosa que ella dijese a continuación la aceptaría sin discusión, sin intentar convencerla para que no me dejara. *Ella es una chica maravillosa. Se merece un marido que se pueda hacer cargo de ella, amarla y darle hijos.*

—Ron... me gustaría que pudiésemos pasar la vida juntos.

Me costó asimilar lo que decía.

—Quieres decir... estás pensando... que nosotros... ¿tú te *casarías* igual conmigo? —le pregunté, esperando de todo corazón haber entendido correctamente.

—¡Claro que me casaré, tonto! —por poco me grita, ofreciéndome una amplia sonrisa.

Un domingo en la tarde emprendimos el viaje a la hacienda de sus padres. Yo había ensayado mi discurso por adelantado, pero al pasar las elegantes puertas, los nervios acabaron con todos los preparativos y planes previos. Cuando finalmente llegó el momento y me enfrenté a los padres de Julie, hubiese querido darles una descripción poética de mi amor hacia su hija diciéndoles lo mucho que ella significaba para mí y lo felices que éramos cuando estábamos juntos. Los iba a felicitar el buen trabajo que habían hecho como padres y decirles que mamá y papá le tenían cariño a su hija.

Pero, me olvidé por completo mi estudiado discurso y dije de manera atolondrada lo primero que me vino a la mente.

—Estoy enamorado de su hija.

El papá de Julie me clavó una fría mirada, sin un atisbo de sonrisa o un ápice de estímulo.

—Queremos casarnos, pero... pero primero queremos tener su bendición.

De la manera en que yo había soñado despierto con esta escena era que el padre de Julie me dijera: "¡Magnífico! ¡Bienvenido a la familia, hijo".

Pero en cambio, me preguntó fríamente:

—¿Y cómo vas a mantener a mi hija?

Tengo que admitir que era una pregunta lógica, una pregunta que necesitaba ser formulada. Después pude pensar en una docena de respuestas lógicas que podría haberle dicho. Pero de la manera dura en que me miraba, como taladrándome con la mirada, lo único que pude decirle fue:

—No se preocupe, señor. Cuidaré muy bien a Julie. Nunca le faltará nada que yo pueda darle.

Después de un silencio que pareció una eternidad, el señor Richards se dirigió a Julie.

—¿Estás segura que esto es lo que quieres?

Probablemente, él hubiese deseado que ella dijera que no. Pero ella me tomó del brazo y dijo:

—Sí, papá. Amo a Ron. Él es un hombre maravilloso y queremos casarnos.

—¿Lo has pensado bien, Julie? ¿Te das cuenta todo lo que significa?

—Papá, nos amamos el uno al otro y eso es lo que importa.

Finalmente dio su consentimiento. No podría decir que nos diera su bendición.

—Está bien. Si eso los hace feliz, adelante —dijo rudamente— no me interpondré en su camino.

Julie consideró el asentimiento de su padre como una victoria, pero para mí fue una experiencia amarga, una mezcla de alegría y humillación. No quería llorar y que pensara que era un flojo, pero mis esfuerzos por contener las lágrimas fueron inútiles. Hubiese querido tanto estar en armonía con mi futuro suegro; pero, por el momento parecía imposible. Obviamente, el señor Richards hubiera querido que su hija se casara con un hombre capaz físicamente, un hombre que pudiese contribuir en el negocio de la familia. El cuadriplégico de Ron Heagy no encajaba en sus expectativas. Pensando que él pudiese creer que me casaba con su hija por su dinero, me prometí a mí mismo no aceptar jamás un centavo de su parte o pedirle ayuda.

Contrastando con la respuesta del padre, la señora Richards reaccionó positivamente. Nos dio un tierno abrazo a ambos y nos preguntó: —¿Ya fijaron la fecha?

—Estábamos pensando para abril —le dijo Julie. Pude sentir el alivio en su voz al pasar del sombrío tono de voz de su padre al entusiasta de su madre—. A mediados de mes, cuando los ciruelos están en flor. Nos gustaría tener una ceremonia en el jardín, al lado del lago.

—¡Qué romántico! —la señora Richards estaba tan emocionada como su hija—. Tom y Jack harán una plataforma y una arcada, para que se casen ahí.

—¿Crees que se podrán conseguir dos tórtolas para que el padrino las suelte al finalizar la ceremonia? Sería lindo

—dijo Julie, ansiosa por compartir todas sus ideas con la mamá.

—No veo por qué no. Ah, Julie, abril llegará antes que nos demos cuenta; no tenemos tanto tiempo. Tenemos que empezar a pensar en tu vestido de novia, en hacer las compras de los vestidos de las damas de honor, planear la recepción y mandar las invitaciones —de pronto se dio vuelta hacia mí—. Ron, querido, pídele a tu mamá que haga una lista de invitados —sus animados planes nos ayudaron a superar el desgano del padre.

Durante las semanas siguientes, mientras Julie y su mamá estaban ocupadas en los detalles de la boda, yo estuve analizando la posibilidad de transferirme a una universidad donde pudiese hacer una carrera de cuatro años en psicología y asesoría. Había sido un sueño nacido cuatro años atrás, en aquella odiosa circunstancia en que el pequeño Jimmy me había dado ánimo en medio de la noche. El deseo que él había instilado en mí por darle ánimo a otros era más fuerte que nunca. Creía que esa era la mejor manera de servir a Dios.

Y después de mi entrevista con el señor Richards, tenía otra razón para querer seguir adelante con los planes para mi carrera. Estaba decidido a demostrarle que podía mantener a su hija. Tal vez no fuese de la manera lujosa que ella había estado acostumbrada, pero yo quería darle todo lo que la hiciera feliz.

Me la pasaba mirando catálogos de distintas universidades, pidiéndole a Dios que me guiara a la universidad correcta, cuando un grupo de cantantes, alumnos de Christian Heritage College en el sur de California vinieron a nuestra iglesia un domingo. Cada uno dio una entusiasta descripción de la universidad, compartiendo con la congregación qué bendición había sido para él (o ella). En cuanto vi la lista de estudios que ofrecía la universidad, me convencí que los cantantes habían sido enviados en respuesta a mis oraciones. Cuando Julie y yo planeamos la luna de miel, le agregamos una parada en El Cajón, en California, para visitar la universidad.

La boda fue espectacular. La familia de la novia no se limitó en los gastos y el evento parecía una historia sacada de un libro de cuentos. Delante de más de 350 invitados y bajo una arcada enrejada adornada con flores al lado del lago que resplandecía como diamante a la luz del sol, dijimos los votos matrimoniales.

Como Julie lo había planeado, el aire de aquella tarde de 1984 estaba impregnado de la penetrante fragancia de los ciruelos en flor. Las dos tórtolas volaron sobre nuestras cabezas en una perfecta espiral ascendente y mi corazón rebosaba del mayor gozo que jamás había conocido.

20 En contra de las posibilidades

Fue una agradable sorpresa para nosotros descubrir que solamente la mitad de las predicciones del urólogo se había cumplido. La cirugía había detenido la formación de cálculos; nunca volvieron. Pero la impotencia de la cual nos habían advertido, nunca sucedió. Nuestra luna de miel fue perfecta en todos los detalles y la visita a la universidad Christian Heritage fue un placentero anticipo de los cuatro años que pasamos allí como ocupados y felices recién casados.

Las clases eran retadoras y estimulantes y algunos de mis profesores llegaron a ser mis mentores de apoyo; personas que tocaron mi vida hasta el día de hoy. Hicimos muchas amistades y disfrutamos ser parte de esa dinámica comunidad estudiantil.

Eso no quiere decir que no hubo malos momentos. El dinero escaseaba, un problema al cual Julie no estaba acostumbrada. Pero no se quejó y cuando ya creíamos que habíamos llegado al fondo buscando una casa que pudiésemos pagar, un amigo nos dijo que un jugador profesional estaba buscando una pareja cristiana que le cuidara la casa y los perros mientras él y su esposa estuviesen en Italia. Los arreglos fue otra oración contestada.

Nuestra felicidad era completa. Nos amábamos el uno al otro, vivíamos en una casa grande y cómoda, trabajábamos *juntos* para conseguir mi diploma, con la desinteresada generosidad de Julie que me llevaba a las clases y atendía todas mis necesidades y soñábamos con un futuro productivo y lleno de amor.

No era fácil. Mientras que mis compañeros, sin esfuerzo alguno leían y daban vuelta las páginas de sus libros, tomaban notas durante las clases y escribían o mecanografiaban sus entregas de la manera corriente, yo dependía de Julie quien me ayudaba de noche y usaba un pasador de páginas mecánico para leer de día. Terminé mis tareas escritas haciéndolo con una lapicera en la boca o un palito entre los dientes, generalmente, trabajando laboriosamente hasta altas horas de la noche para terminar cada página.

Pero el esfuerzo tenía su recompensa y varios de mis instructores eran muy perspicaces para motivarme. Por ejemplo, para el profesor Ed Gray era de suma importancia descubrir cada semestre los dones dados por Dios a sus alumnos. Ese fue el motivo por el cual Matt y yo nos encontramos un día en la oficina del doctor Gray tomando un examen.

Matt era ciego de nacimiento. Cuando él quería "ver" la cara de la gente, tenía que tocarla. Sus libros había que transcribirlos al Braille y tomaba apuntes con un punzón. En contraposición, las tareas que Matt completaba por medio del tacto y el sonido, yo las terminaba por medio de la vista y el sonido. Para ambos era imposible tomar un examen en un aula tranquila y silenciosa, como lo hacían nuestros compañeros. Generalmente, ambos teníamos que contestar en voz alta.

Un día, el doctor Gray con los exámenes en la mano nos dijo a Matt y a mí:

—Ya que para ustedes es difícil tomar el examen con el resto de la clase ¿por qué no van abajo, a mi oficina que es tranquila y lo hacen allí?

—¿Quiere decir nosotros dos solos? —pregunté perplejo.

—Correcto, tú y Matt.

—¿Lo dice en serio?

Abrochó dos copias del examen a una pizarra de mano y la puso en la bandeja de mi silla de ruedas. Luego, con una sonrisa confiada, me miró y me dijo: —Prueba.

Matt ya estaba ubicando la puerta con su bastón.

—¿Alguna idea? —le pregunté mientras el doctor Gray acercaba mi silla hacia Matt.

—No, ninguna —dijo impasible—. Tú guíame y yo te seguiré.

—OK. Agarra las manijas de mi silla. ¿Las tienes? Allá vamos.

Matt empujaba y yo lo guiaba haciendo un apresurado monólogo.

—Un poquito a la izquierda, ahora a la derecha. ¡Grandioso! Derecho. Sigue, sigue. Dobla a la izquierda de nuevo, da cinco pasos y dobla a la derecha. ¡Uuups! Vuelve un paso atrás. Bien, allá vamos. Ya casi llegamos.

Finalmente llegamos a la oficina del doctor Gray sin raspar demasiado las paredes de los pasillos con la silla de ruedas. Ya para entonces, los dos nos estábamos riendo y los alumnos que pasaban a nuestro lado nos miraban divertidos. Me imagino que nunca habían visto a un ciego empujando una silla de ruedas.

—Matt, te diré algo —le dije antes de ponernos a trabajar— puedo leer las preguntas y escribir las respuestas, pero tú me tienes que poner el lápiz en la boca.

—¿Dónde está?

—En mi bandeja.

—No, no la lapicera; tu boca. ¿Dónde esta tu boca?

—Bueno, aquí, debajo de mi nariz...

Él me pasó la yema de los dedos por la cara. ¡Guauuuu! Debes tener una boca muy grande.

Yo me reí. Gracias, compañero. Ahora, párate detrás de mí y coloca tus codos en mis hombros y ubica la pizarrita delante de mi cara.

—¿Así?

—Está al revés —le dio vuelta—. Ahora sí. Manténla quieta. Marcaré primero mis respuestas, así nadie me acusará de copiar. Después leeré las preguntas en voz alta y tú podrás decirme lo que quieres que escriba por ti. ¿Qué te parece?

La mayoría de las preguntas eran de elección múltiple o verdadero o falso, por lo que no nos iba a llevar mucho tiempo. Terminamos el examen y volvimos a la clase antes que muchos de los estudiantes hubieran terminado.

—¡Bien hecho! —se deshizo en halagos el profesor. Luego agregó suavemente— para el hombre es imposible, pero para Dios todas las cosas son posibles.

Cuando el basketbolista y su esposa regresaron de Italia, habíamos ahorrado suficiente dinero como para alquilar un departamentito en un barrio de clase media lleno de perros y chicos que estaban fascinados con mi silla de ruedas eléctrica. A veces los invitaba a sentarse en mis piernas y los llevaba a dar una vuelta.

A Julie le gustaba escuchar acerca de los desafíos y jugarretas que vivía en la universidad. La hacía reír de noche cuando le contaba mis actividades y desventuras. A medida que pasaban las semanas y nuestras vidas se iban entrelazando, yo me maravillaba del gozo que sobreabundaba en mi vida y le agradecía a Dios por esa mujer hermosa y dedicada.

Como esposa de un estudiante batallador, el nivel de vida de Julie había decrecido considerablemente, aunque parecía estar feliz. Yo seguía insistiendo que cuando obtuviese mi diploma y comenzara mi carrera nuestras finanzas mejorarían. Mientras tanto, yo trataba de incrementar mi sueldo de discapacitado comprando, renovando y vendiendo automóviles.

En aquellos días eran populares los "escarabajos" Volkswagen entre los estudiantes porque no eran caros para comprarlos y eran económicos para mantenerlos. Las cosas mecánicas siempre me habían fascinado. Hasta de niño había disfrutado desarmando y armando cosas. Al principio empecé con bicicletas viejas y rotas y cortadoras de pasto. Siendo adolescente, empecé a trabajar con motocicletas y autos.

Cuando no tenía que estudiar, Julie extendía la sección de los clasificados del diario local sobre la bandeja de mi silla y yo buscaba las oportunidades. Ya había supervisado la reparación de unos treinta VW, cuando vi un aviso de un VW al que se le había quemado el motor. Como tenía un motor de una renovación previa, decidí comprarlo, contratar a alguien que me ayudara a ponerlo en condiciones y luego venderlo ganando algún dinero.

Acababan de terminar las clases y muchos de nuestros amigos habían vuelto a sus hogares o estaban trabajando. Había tenido algunas dificultades en encontrar alguien que condujese mi camioneta arrastrando un remolque alquilado y me llevase a comprar el "escarabajo" y luego lo trajese a casa. (A Julie no le gustaba manejar la camioneta arrastrando el remolque). Finalmente contraté a Jonathan, un joven que no tenía idea de la mecánica y no era un conductor experimentado. Pero, por supuesto, eso no se descubrió hasta después.

Llegamos a la casa del dueño y negociamos un poco hasta convenir el precio. Luego de cerrar el trato, el hombre ayudó a Jonathan a cargar el auto en el remolque de dos ruedas. Lo aseguraron en su sitio y nos fuimos. Los problemas empezaron cuando estábamos en la autopista. El remolque comenzó a sacudirse, levantando la camioneta, sacudiendo a Jonathan y aterrorizándome a mí.

—Mejor paremos y revisemos el enganche —le dije—. ¿Lo puedes hacer solo o quieres que yo también baje?

—La autopista no es el mejor lugar para una silla de ruedas —dijo Jonathan parando en la banquina—. Quédate en la camioneta.

Salió, fue hasta atrás, dio un vistazo y volvió al asiento de conducir.

—No veo nada mal —dijo encogiéndose de hombros.

En cuanto tomamos velocidad en la autopista nuevamente, la camioneta y el remolque comenzaron su movedizo baile sobre el pavimento. Jonathan bajó la velocidad ocasionando la irritación y los bocinazos de los impacientes conductores que nos rodeaban.

Casi logramos llegar intactos, pero, justo cuando llegábamos a destino, tuvimos un percance. Jonathan estacionó la camioneta con el remolque en una pequeña subida y se bajó a sacar el VW. Pero en cuanto desató el auto del remolque, éste se deslizó y comenzó a rodar. Sintiendo un nudo en la boca del estómago, vi como el autito sin motor se deslizaba, ganando velocidad y chocaba fuertemente contra el auto de otro estudiante que estaba estacionado. Recién en ese momento me di cuenta que la Arveja Verde, conmigo adentro, también se estaba yendo calle abajo.

—¡Jonathan, ayúdame! ¡La camioneta se mueve! ¡Apúrate! ¡Sube! *¡Métete adentro! ¡Ponle el freno!*

Lo único que pude hacer fue gritar, fue el grito más fuerte que pegué en toda mi vida.

Jonathan, agitado y sin aliento, con la cara roja como un semáforo, corrió velozmente para agarrar la camioneta y, finalmente, pudo ponerle el freno de mano, justo antes de chocar contra la pared del gimnasio.

Esos momentos de pánico rompieron la rutina, lo cotidiano y ordinario de nuestros años en CHC. Pero el momento de orgullo llegó en 1988 cuando me gradué con honores.

El trabajo había sido arduo para ambos. Para mí difícil, como estudiante discapacitado y mecánico de autos y para Julie agotador como mi constante acompañante. Fue una esposa maravillosa. Su amoroso sostén ha sido una constante bendición que yo di por sentado.

Tarde ya —verdaderamente, demasiado tarde— me pude dar cuenta lo mucho que ella había sacrificado para ayudarme a que me graduara y lo afortunado que había sido por haberla tenido de compañera.

21

Sueños logrados...y perdidos

Mecánico de autos? Harold Grove, el director de East Linn Academy, la escuela cristiana de Brownsville en la que yo había cursado el onceavo grado, me había ofrecido un trabajo de consejero y maestro. Pero cuando el señor Grove me dio los detalles de lo que quería que enseñara —Biblia, inglés y *mecánica de automóviles*— quedé pasmado.

—Mi diploma es en humanidades, señor Grove. No habrá problema con las clases de Biblia, pero soy un poquito escéptico acerca de enseñar inglés. ¿Y mecánica? ¿Cómo les puedo mostrar a los chicos cómo realizarlo? ¿Usted cree, realmente, que podré?

—Ron, hubo una gran cantidad de personas que dudaron como Tomás cuando comenzaste la universidad. Solamente tu familia y algunos pocos amigos creían que te recibirías. Y lo lograste ¿verdad? Bueno... con tu determinación e ingenuidad, estoy seguro que encontrarás la manera y harás un buen trabajo. Si yo no creyese que harás un impacto positivo en los alumnos no te lo estaría ofreciendo.

Volé a casa en la nube nueve, repitiéndome a mí mismo. *¡Harold Grove confía en mí!*

—¡Querida, estás casada con un maestro de escuela! —lo tuve que repetir en voz alta aquella noche al repasar los eventos del día.

—¡Ron, eso es maravilloso! Estoy tan contenta por ti —el rostro de Julie se iluminó de esa forma tan cálida y conocida.

—¡Contenta por *nosotros*! —le recordé.

—Estoy orgullosa de ti, querido —se sentó en mis piernas y acurrucó su cara en la mía. Me gustaba sentir su mejilla contra mi piel. *Es tan lindo sentirla cerca de mí. Teníamos la costumbre de sentarnos y acurrucarnos así todo el tiempo —pensé—. Pero hacía una cuantas semanas que no habíamos tenido oportunidad de centrarnos el uno en el otro, en nuestro matrimonio, y en cómo se sentía el uno por el otro.* Me prometí ser más atento con Julie ahora que las presiones del estudio y de nuestra magra vida de estudiantes habían terminado. Ahora, me dije a mí mismo, comenzará la "verdadera" vida para nosotros.

En cuanto volvimos a Oregón, papá compró y remodeló una casita al lado de la casa de ellos, convirtiéndola en una acogedora cabaña de campo que Julie y yo podíamos alquilar. Nos instalamos en nuestra nueva casa disfrutando de un despreocupado verano juntos... hasta que tuvimos otro revés.

Una lluviosa tarde, Julie, mi prima Rhonda y yo decidimos salir a cenar y fuimos a visitar a los padres de Julie. Al salir y ubicarme en el elevador de la Arveja Verde, el mecanismo se atascó. Costó bastante hacerlo arrancar y cuando finalmente lo hizo, ninguno nos dimos cuenta que la salida, que tenía que levantarse automáticamente para que no me cayera, funcionaba mal. Antes que Julie y Rhonda pudiesen frenarla, los 140 kilos de mi silla de ruedas eléctrica, se salió del elevador. Julie gritaba horrorizada mientras yo caía de cara al pavimento. Perdí un diente, me rompí la nariz y me corté la boca con la fuerza del impacto. Se me hicieron añicos los anteojos y los vidrios se me clavaron en la cara.

Las dos se abalanzaron hacia mí y me dieron vuelta con suavidad, viendo que tenía la cara llena de sangre. Julie se sentó en el barro acunándome mientras Rhonda corría dentro en busca de ayuda.

El señor Richards nos llevó al hospital en su auto; Julie me sostenía llorando.

—Ron, lo siento tanto. ¡Cuánto lo lamento! Es mi culpa. Tendría que haber revisado el elevador.

—No fue culpa de nadie —insistí— ese maldito elevador se descompuso, eso es todo. Me pondré bien. No te preocupes.

La verdad es que el dolor por haberme roto la nariz y las cortaduras en la boca era intenso. Pero peor aún era la frustración que crecía en mi espíritu, como un caldero en ebullición.

¿Por qué me tuve que haber caído de cara al piso? ¡Por amor de Dios! ¡Esa es la única parte de mi ser que puede sentir! —me pregunté a mí mismo... y a Dios—. *¿Por qué no caí de espaldas o sobre el pecho, que no siento nada? Señor ¿no he tenido bastante ya?*

Girando la cabeza a un costado para mirar la cara de mi amada esposa, recordé algo por lo que estar agradecido. *Bueno, al menos no me rompí el cuello de nuevo. La fusión resistió y Julie está aquí. Ella siempre está a mi lado cuando la necesito. ¡Gracias, Señor!*

—Ron —el apremiante susurro de Julie me hizo pensar si no había estado leyendo mis pensamientos—. Espero que te pongas bien, porque, querido, si algo te llegara a pasar... yo... no creo que pueda soportarlo.

Las heridas se fueron sanando gradualmente y los cortes se reabsorbieron. La cirugía plástica sugerida en un principio por los médicos para arreglarme la nariz, no fue necesaria. A finales del verano, estaba estudiando mi manual del maestro, memorizando versículos bíblicos, repasando mis conocimientos de mecánica y disfrutando el estar con Julie.

El primer día de clase, me presenté temprano, lleno de entusiasmo y con el anhelo de ser el mejor maestro que East Linn Christian Academy jamás hubiese tenido. Consideraba mi nuevo trabajo como la oportunidad que Dios me daba para demostrarle al mundo que un cuadriplégico es capaz de contribuir valiosamente a la sociedad. También le quería demostrar a cierto señor que podía mantener a mi esposa sin tener que pedir ayuda financiera.

Como suponía, la mecánica fue el mayor de los desafíos, pero también el aspecto de mi trabajo que me dio mayores satisfacciones. Yo disfrutaba enseñándole a mis alumnos todas las cosas que papá me había enseñado a través de los años. Ya que físicamente yo no podía mostrarle a los estudiantes cómo se hacía, los guiaba verbalmente por todos los pasos necesarios para cambiar correas de ventilador, probar el encendido de las bujías, trabajar con válvulas y pistones, reconstruir y poner a punto motores. Primero estudiábamos fotos de todas las partes de un motor y les explicaba los procedimientos que iban a aprender. Luego supervisaba sus proyectos. Cuando finalizó el curso, me di cuenta que habían aprendido mucho debido a la experimentación práctica que si yo hubiese hecho la demostración y ellos hubiesen observado.

Cuando no estaba enseñando, estaba en mi oficina, a la cual venían los estudiantes con problemas. Un día me sorprendió ver a Christy, una de mis alumnas, parada en el umbral. Era el payaso de la clase. Christy tenía la habilidad de hacer reír a la clase y mantener entretenidos a sus compañeros... y ejercitar mi paciencia. Verla sentada delante de mí, luchando por contener las lágrimas, estaba completamente fuera de lugar.

—Christy ¿cuál es el problema?

Suspiró profundamente y levantó los hombros.

—Es... —soltó el aire y bajó los hombros— es mi abuelo. Tiene cáncer y... ¡es tan difícil, señor Heagy! No creen que mejore.

—Eso es algo difícil de sobrellevar ¿verdad, Christy? —traté de solidarizarme. Conversamos un rato y Christy volvió varias veces a medida que su abuelo empeoraba. Cuando falleció, Christy faltó unos cuantos días al colegio. Cuando volvió le hice saber que podía venir a conversar conmigo cuando quisiera.

Determinado a ser un maestro inspirador y un consejero efectivo para todos mis alumnos, ese año me pasé la mayor parte del tiempo en el colegio, atendiendo las actividades académicas o trabajando en la planificación de las lecciones y corrigiendo trabajos en casa. Como había hecho en los cuatro años de universidad, empecé a centrarme más y más en mi persona y menos en mi matrimonio. Sencillamente di por sentado que Julie comprendía mis motivos. No se me ocurría pensar que ella se pudiera sentir sola durante las largas horas del día que yo pasaba fuera de casa; o que pudiese molestarle que yo dedicara tiempo en casa para hacer el trabajo de los papeles. Mientras yo estaba estimulado por actividades exteriores y disfrutando plenamente los elogios y los comentarios positivos de alumnos y padres, Julie estaba sola en casa, sintiéndose innecesaria, insatisfecha y sin valor.

Mirando hacia atrás hacia aquella época, es difícil creer que yo —que trabajaba como consejero profesional— pudiera ser tan insensible. Pero lo era. Estaba totalmente ajeno a la infección que estaba carcomiendo nuestro matrimonio. Un día llegué a casa y encontré a Julie bañada en lágrimas y no tenía la menor idea cuál podría ser el motivo de su desdicha. Le costó bastante poder expresar con palabras lo que sentía.

—Ron...me siento tan inútil. Como si hubiese malgastado los últimos cinco años de mi vida. Tú seguiste adelante e hiciste una carrera y yo me quedé en casa sin lograr nada.

—¡Eso no es cierto, Julie! Tú me ayudaste para que obtuviera el título. No lo hubiese logrado sin ti.

—No es así. Cualquiera hubiese podido hacer lo que yo hice. No fui más que tu acompañante. La mayoría de mis amigas tienen sus títulos universitarios y están trabajando, haciendo algo interesante. Ron, estoy aburrida, me siento tan inútil, tan... tan insatisfecha.

—Julie, no sabía que te sintieras así. ¿Por qué no me lo dijiste antes?

—Estás tan ocupado. Trabajas mucho y cuando vuelves a casa estás tan cansado. Yo no quiero molestarte con mis problemas y, la cuestión es que ya no hablamos más de *nada*.

Tenía razón. En algún lugar del camino había quedado lo que nos había unido... el compartir nuestros sentimientos, pensamientos y sueños. En mi ansiedad de probarme ante el mundo, había dejado de probarle mi amor a Julie. Nos habíamos ido apartando hasta quedar separados por un abismo, que pasó inadvertido para mí pero que fue devastador para Julie.

Prometí cambiar. —¡Julie, lo siento mucho! Es mi culpa y quiero arreglar las cosas. Dime qué hacer. Dime lo que te hará feliz. ¿Quieres volver a la universidad? ¿Trabajar? ¿Tener un hijo? Cualquiera que sean tus metas, te ayudaré a conseguirlas, de la misma forma en que tú me ayudaste a lograr las mías —le dije.

Se quedó sentada en mis piernas, desconsolada y sus lágrimas cayendo sobre mi camisa.

—Eso es parte del problema. No lo sé, Ron. Realmente, no sé lo que quiero. Desde que nos casamos, siento como que he perdido mi propia identidad. Además, si empiezo algo y fallo, me echarías la culpa.

—¡*Julie*! —exclamé pasmado—. Me conoces bien.

—¿Sí?

¿Por qué se sentía así ¿Por qué las cosas se habían deteriorado hasta este punto?

—Julie, por favor, perdóname por haber sido insensible a tus necesidades. Lo que más quiero en el mundo es que seas feliz. Para cualquier cosa que quieras hacer, cuentas con mi aprobación.

Ella levantó la cabeza pero esquivó mirarme.

—No tendría que haber dicho nada —se lamentó, levantándose.

—¡Claro que sí! Tengo que saber lo que te molesta. Eres mi esposa, Julie. Te amo.

Me sonrió sin ganas y me dio un beso desapasionado. Le dije que hiciera reservaciones para cenar afuera la noche siguiente. —Vayamos a algún sitio romántico, nosotros dos solos —le dije.

La tarde siguiente, cuando uno de mis alumnos me dejó en nuestra acogedora cabaña, subí la rampa con una sonrisa en los labios, anticipándome a nuestra salida a cenar. Me sorprendió encontrar la puerta del frente entreabierta.

Empujé la puerta con la silla y entré, pensando que tal vez Julie estuviese en la ducha o en el cuarto, alistándose para salir.

—Julie, ya llegué.

La pequeña casa tenía un inexplicable y extraño silencio.

—¿Julie? —fui hasta la cocina, luego al dormitorio. Al ver las puertas de los roperos abiertas, me empezó a palpitar el corazón. La ropa de Julie no estaba. Lentamente, fui hasta el centro del cuarto y di vueltas en círculo; el ruido del motor de la silla era lo único que se escuchaba. Faltaban las fotos; los frascos de perfume no estaban, el lugar de sus zapatos estaba vacío.

Julie me había dejado.

22 Tocando fondo

Encontré una carta en la mesa de mi escritorio. Un simple pedazo de papel amarillo cubierto de palabras que conmovieron mi espíritu y cambiaron mi vida para siempre.

Querido Ron: he decidido que este es el momento de que tomemos distintos caminos. Créeme, esta es la decisión más difícil que haya tomado nunca, pero creo que es la mejor para los dos...

Había más, mucho más. Julie decía que me quería, pero me pedía que no intentara buscarla o ponerme en contacto con ella.

Me quedé sentado a la mesa, vacío y temeroso leyendo y releyendo su carta hasta que las palabras se fundieron con la oscuridad que llenaba la casa. Estaba demasiado aturdido al principio para comprender que Julie no tenía intenciones de regresar y me concentré en la parte de la carta que decía "siempre te amaré, Ron..."

Pero me dejó.

No parecía posible. Volví al cuarto que ya estaba en penumbras, recibiendo la luz que se filtraba por el pasillo. Volví a mirar de nuevo el ropero vacío, la superficie vacía donde habían estado las fotografías, la cómoda donde habían estado los frascos de perfume... y lloré.

Lágrimas calientes corrían por mis mejillas. No había nadie allí para secármelas. Nunca me había sentido tan solo y abatido. Después de todo el dolor, todas las dificultades, todas las luchas y sufrimientos por el que había pasado, toqué fondo. Sin lugar a dudas, esto era lo peor con que me castigaba la vida.

Me culpé a mí mismo. Había sido muy corto de vista, muy egoísta; había estado demasiado centrado en mis necesidades y logros. Viviendo en una burbuja de auto absorción, había excluido a la persona que significaba más para mí. Después de cinco años de generosa entrega supliendo mis necesidades, Julie se sentía vacía y sin valor. Quería su libertad y nadie puede dejar de comprender el motivo.

Por favor, Señor —oré sentado en la oscuridad y con la camisa empapada de lágrimas *ayúdale a entender a Julie que sólo necesito otra oportunidad. Sé que es mi culpa. Quiero arreglar las cosas. Señor, por favor, devuélvemela...*

Si Julie volviera, fantaseaba, le demostraría lo mucho que valoraba todo lo que había hecho por mí. Me aseguraría de mostrarle lo mucho que la amo.

Gradualmente se fue instalando la realidad. Yo estaba solo y necesitaba ayuda. Temía decírselo a mi familia; y no solo por el dolor que eso les causaría. Cualquier desilusión que pudieran sentir por la ruptura de *mi* matrimonio se sumaría al dolor por el que acababan de pasar debido a que Pennie había dejado a su marido.

Con remordimiento, me di cuenta cuán crítico había sido de Pennie pensando que eso jamás me pasaría a mí. A *mi* matrimonio, no. En ese momento me arrepentí de las cosas desagradables que había pensado y le había dicho a mi hermana. Y, nuevamente, no tenía a nadie más que a mí mismo para culpar de mi insensible mente estrecha.

No quería llamar a casa. No quería escuchar la voz doliente de mi madre, las comparaciones con Pennie. ¿Pero a quién más tenía? ¿Quién estaría dispuesto a ayudar a un hombre paralítico en sus necesidades personales más íntimas, darle de comer, cambiarle la bolsa del catéter, desvestirlo y meterlo en cama? Mi mente recorrió rápidamente la corta lista de posibilidades, sin parar. Entonces pensé en alguien...

Mi tío Dave y su familia se acababan de mudar nuevamente a Oregón, después de haberse retirado del ejército. Llamé a la hija de Dave, mi prima Brenda. Su alegría al contestar el teléfono me hizo un nudo en la garganta.

—Hola, Ron. ¿Cómo andan las cosas?

—Mal.

—¿Qué pasa? —preguntó sorprendida.

—Julie me dejó y no sé a quién llamar. ¿Podrías...? Lamento preguntarte... pero ¿podrías venir a pasar aquí la noche?

Brenda no titubeó ni preguntó nada más. —Por supuesto, Ron. Voy para allá.

Vino inmediatamente, escuchó mi triste historia y lloró conmigo. Luego me hizo la cena y me acostó. Yo estaba emocionalmente destruido y físicamente exhausto, pero no pude dormir. Una y otra vez me venía a la mente el apasionado discurso que le diría a Julie si llegaba a volver. *Por favor, Señor, tráela de vuelta.*

Cuando llegó el momento en que necesitaba darme vuelta, estaba medio dormido. Debido a la costumbre, llamé a Julie. Inmediatamente vi el rostro de Brenda.

—Soy yo, Ron. Julie se fue. ¿Te acuerdas? Pero no te preocupes, me quedaré todo el tiempo que me necesites —me dijo dándome vuelta suavemente. Me palmeó la espalda y luego se fue a la otra habitación.

No sé cómo fui a clase al día siguiente, pero era evidente que mi corazón no estaba allí.

—¿Le pasa algo, señor Heagy? —me preguntó una de mis alumnas.

—Hoy no me siento muy bien, Shannon —le dije—. Ya pasará.

Cuando el estudiante me llevaba de regreso a casa, cerré los ojos y oré para encontrar el pequeño auto de Julie estacionado en la entrada. Pero no estaba. Seguí esperanzado en su regreso, pero en mi corazón yo sabía que se había ido para bien. Julie no era una persona impulsiva. Seguramente que habría estado masticando este asunto durante un largo tiempo sin decírmelo. Sabiendo que era una persona con determinación, ahora sabía que no volvería.

Pero aun así, esperé, deseando, cada vez que sonaba el teléfono, o pasaba un auto por la calle, que fuera ella. Pero no era Julie. No vino. No llamó.

A los pocos días llamé a Jim, su hermano discapacitado físicamente, el miembro de su familia a quien me sentía más allegado. No sabía adónde se habría ido Julie. Sus amigas me dijeron lo mismo. Hasta intenté ponerme en contacto con su antiguo novio, el hombre con quien había estado comprometida antes de casarnos. Pero nadie sabía donde estaba mi esposa. Aparentemente se había desvanecido sin dejar rastro.

No quería decirle a nadie lo que había pasado; era orgulloso. No quería que mis colegas y mis alumnos se enteraran que mi matrimonio había fracasado... que *yo* había fracasado. Durante los últimos cinco años había estado en un ambiente intelectual. Obtener mi diploma, sacar buenas calificaciones y demostrarle al mundo que las incapacidades físicas pueden vencerse, había sido mi prioridad. Pero sin Julie, todo eso parecía no tener la más mínima importancia.

Mamá y papá se asombraron sobremanera cuando finalmente reuní el valor para contárselo. Ambos querían a Julie y trataron con ahínco de no ponerse de parte de ninguno sino que me dieron su ayuda y su amante apoyo. Solamente mamá pudo darse cuenta lo vacío y destruido que me sentía. Cuando estábamos solos, me rodeaba con sus brazos y lloraba, como lo había hecho en California, cuando se acercó a mi cama en el hospital.

—No entiendo por qué Dios permite que pases por tanto sufrimiento, pero nada pasa porque sí. Saldrás fortalecido de esto. Comprenderás lo doloroso que es que un matrimonio termine y podrás ayudar a otros a trabajar en sus dificultades, así como tú tendrás que trabajar con las tuyas.

—Sé que tienes razón, mamá. "Todas las cosas ayudan para bien".

Pero en este momento, en lo único que puedo pensar es en lo mucho que duele.

23 Mi nueva compañía

Necesitaba alguien que me cuidara permanentemente, pero la agencia del Servicio Social no tenía enfermeros disponibles para las 24 horas. Cuando se puso un aviso en el diario, sólo una persona respondió. La agencia le dio a Daniel Webster Doe mi número de teléfono para que me llamase.

Cuando el estudiante que me llevaba a casa me dejó el día de nuestra entrevista, me encontré con un hombre rudo rondando los cincuenta eperándome en la entrada. Era mitad hippie, mitad ángel del infierno. Un hombre fuerte, de cabello largo y barba tupida. Por debajo de la manga de su descolorida camiseta y su raído pantalón vaquero se asomaba el tatuaje de un leopardo. Al lado de la escalera del portal se veía una escalera vieja y maltratada.

¡Fantástico! pensé de mal humor al ver el aspecto descuidado y la ropa raída del señor Doe. *Deben haber solicitado un apagabroncas de bar o un acompañante para un ángel del infierno paralizado.* Lamenté haber dejado la

171

puerta sin llave antes de irme. *Probablemente ya entró y me robó* —pensé.

Pensé como me lo sacaría de encima rápidamente. No sería muy diplomático llegar al portal y decirle: "Hola, gusto en conocerlo. Por favor, retírese". Pero, obviamente, este hombre no lo haría.

Como contradiciendo mi primera impresión, el corpulento individuo se levantó inmediatamente y saltó cuando vio que la camioneta paraba. Parándose en la puerta de costado, abrió y buscó la llave dentro para bajar el elevador.

—Hola —exclamó con un destello de alegría en los ojos. La amistosa sonrisa debajo de su barba transformó inmediatamente su aspecto intimidatorio en un Papá Noel.

Su primer impulso de darme la mano quedó rápidamente resuelto metiéndose las manos en los bolsillos.

—Soy Daniel —dijo con ojos chispeantes.

Con sorpresa de mi parte, me gustó instantáneamente.

Su trasfondo era tan moteado como su aspecto: niño maltratado, fugado del hogar en la adolescencia, veterano del ejército, ex alcohólico y drogadicto, casado y divorciado dos veces y hasta había estado en la cárcel... un acompañante perfecto para un cristiano solitario y totalmente dependiente que se estaba recuperando de un golpe emocional.

Hicimos un dúo que en cierta medida funcionó. Cuando finalmente me adapté a sus limitados recursos culinarios y cuidado de la casa, pude apreciar y admirar sus características más importantes: su inquebrantable lealtad y su carácter cumplidor. Literalmente, el corazón de Daniel era tan grande como su cuerpo. Hacía cualquier cosa por mí y jamás se quejaba; sin importar las veces que lo llamase durante la noche. Como Mike, no siempre se despertaba en seguida y a veces, se chocaba dormido con las cosas tratando de encontrarme. Pero una vez despierto, era un buen y lúcido acompañante.

Daniel tenía una limitación; no manejaba y se negaba a aprender. Aunque era un demonio veloz en su bicicleta. Al principio, vino a trabajar temporalmente conmigo y tenía otros dos trabajos. Durante el día, cuando yo estaba en la escuela, iba a Corvallis en bicicleta, unos cincuenta kilómetros ida y vuelta. Cuando yo volvía en la tarde, él siempre me estaba esperando, con sol o lluvia. ¡Y en Oregón, llueve más de lo que brilla el sol!

Fue un alivio poder tener alguien que me atendiese tan bien físicamente, pero emocionalmente, me arrastraba lentamente. Me dio vergüenza darme cuenta lo insensible que había sido al sufrimiento de amigos y familiares ante sus rupturas matrimoniales. No me había identificado con sus luchas por reordenar sus vidas como divorciados y personas quebrantadas.

Ahora entendía. La culpa, la vergüenza, el rechazo, el remordimiento y la auto recriminación daban vueltas interminablemente en mi mente, dejándome débil y devastado. Con el tiempo, me enfermé físicamente y padecí palpitaciones. Los médicos dijeron que era estrés.

—Ron, debes frenar un poco. ¡Relájate! Dedica tiempo a oler las rosas —insistió el cardiólogo.

El diagnóstico del oftalmólogo fue similar. —Tus nervios ópticos están dañados como consecuencia del golpe en la cabeza y el estrés tiende a hacer presión en los ojos. Desafortunadamente, estás desarrollando glaucoma y algún día vas a tener que operarte. Ron, no te exijas tanto. Aprende a relajarte y tomarte la vida con calma.

Los médicos creían que el estrés era un efecto secundario de mis actividades laborales. Lo que ellos no sabían era que trabajaba tanto para no pensar en mi dolor sentimental.

Daniel fue una chispa de esperanza en aquel período oscuro y doloroso. Aprendió a cocinar mejor, pero la verdadera fuente de su naturaleza era su ridículo sentido del humor. Me hacía reír cuando yo tenía ganas de llorar.

También aplicaba su informal filosofía de vida. Por ejemplo, él comparaba al matrimonio como a moscas en una ventana, a cada lado del vidrio.

—Las que están afuera quieren entrar. Las que están adentro quieren salir. ¿Por qué no abrir la ventana y dejar que vayan donde quieran?

Yo no compartía la filosofía barata de Daniel. Yo consideraba que los votos que Julie y yo nos habíamos jurado en nuestro casamiento eran sagrados, y creí que ella pensaba igual. Le escribí largas cartas, volviendo a comprometerme con esos votos, diciéndole lo mucho que la amaba y prometiéndole hacer lo que me pidiera.

Mis cartas regresaron sin abrir.

24 El paso siguiente

Todo en mi casita me recordaba a Julie. Quedarme ahí me estaba matando. Tenía que irme, empezar de nuevo. Finalmente, pude hablar con ella por teléfono y, a pesar de todas mis súplicas y promesas, ella no quiso la reconciliación.

Tomé la decisión de regresar a la universidad, con la esperanza de que el desafío de lograr un certificado de estudios más alto fuese una buena distracción. Solicité ingresar en San Diego State y me rechazaron inmediatamente. La carta de la oficina explicaba que la universidad no estaba equipada para estudiantes con tanta incapacidad física como la mía. Les respondí aduciendo discriminación y apremiando a la universidad a reconsiderar mi solicitud. Unos meses después, era nuevamente un estudiante universitario.

Daniel estuvo de acuerdo en ir a San Diego conmigo, pero sólo temporalmente. Todo ese tránsito le encrespaba los nervios. No quería perderlo y de mala gana accedí a buscar otro acompañante en cuanto él me ayudase a empezar en San Diego.

La otra cosa difícil que me tocó hacer, fue pedirle mi renuncia a Harold Grove en East Linn Academy. Él fue muy amable al decirme que me estaría esperando un puesto cuando obtuviera mi maestría.

Mi primo Brad nos llevó a Daniel y a mí a San Diego en la Arveja Verde y luego volvió en avión a Oregón. Nos ubicamos en un lugar con un dormitorio para cada uno y compartíamos la cocina con una joven pareja, Ron y Teresa, quienes habían puesto el aviso en el diario buscando alquilar parte de su casa. No teníamos mucha privacidad, pero me dio seguridad y confianza saber que la pareja estaría cerca en caso de emergencia.

Mi primera visita a la agencia local de rehabilitación vocacional fue tan exitosa como la primera vez que solicité ingresar a San Diego State. Tenía la esperanza que la agencia me proveyese de alguna ayuda financiera, pero estaban concentrados en alcohólicos y drogadictos, los que ellos creían que se podían rehabilitar. En cambio, la agencia consideraba que un cuadriplégico no tenía esperanza, era un caso perdido debido a su condición irreversible. Después de varios pedidos de ayuda, finalmente, el consejero de rehabilitación me dijo que si yo podía encontrar cuatro compañías que se comprometieran a contratarme una vez terminada mi maestría, la agencia reconsideraría mi petición.

—¿Está bromeando? —no lo podía creer—. Hasta un estudiante sin incapacidad física no podría encontrar cuatro compañías que le *garantizaran* trabajo dos años más adelante.

—Lo siento, señor Heagy, pero no podemos dar subsidios a no ser que nos garantice que los resultados financieros merecen el riesgo.

Salí de su oficina desanimado pero con determinación. En cuanto llegué a casa, hice una cita con otro consejero de la misma agencia y, de nuevo, mi insistencia dio resultado. El compasivo profesional me ayudó a obtener mi pedido de ayuda financiera.

Dos vencidas, dos para cumplir —me dije a mí mismo cuando me llegó la ayuda financiera. Había convencido a la universidad de San Diego que corriera un riesgo conmigo y había obtenido ayuda financiera. Ahora todo lo que tenía que hacer era buscarme un asistente competente... ¡y sacar el diploma! Tristemente, tuve que admitir que los dos primeros pasos, tan difíciles como parecieron, fueron sencillos comparados con los dos desafíos siguientes que tuve que enfrentar. Muy pronto me di cuenta que el colegio para graduados era una tontería comparado con la búsqueda de un buen acompañante.

Primero apareció Wally, un personaje que resultó ser tan incumplidor como fiel había sido Daniel. Se tomó el primer fin de semana, dejándome completamente a disposición de la bondadosa pareja que me alquilaba su casa. Apareció tarde el domingo en la noche, alcoholizado y drogado. En las primeras horas de la mañana se cayó dos veces en el portal y entró a tumbos, cayendo en su cama completamente vestido.

Al día siguiente, Wally estaba con la resaca, y lo sentía mucho.

—Mi esposa se fue hace unos meses —me dijo, sentado en la mesa de la cocina, con las manos en su dolorida cabeza— y me ha costado mucho superarlo.

Únete al club, compañero —pensé en silencio.

—Pensé que unas cuantas cervezas me ayudarían a olvidar —continuó diciendo— por lo que me fui a un bar y eso es lo último que recuerdo. Lo siento, Ron. No volverá a pasar. Te lo prometo.

No había una fila de postulantes competentes haciendo cola ofreciéndose para trabajar para mí, por lo tanto, perdoné a Wally y accedí de mala gana a darle una segunda oportunidad. Gratamente aliviado, se tomó unas cuantas aspirinas y me dijo que su malestar estaba bajo control. Me subió a la Arveja Verde y me ayudó a llevar a cabo los planes que me había forjado para el fin de semana. Uno de ellos era sacar dinero de una máquina automática. Wally me convenció que sacara más de lo que me había propuesto para darle su salario por adelantado.

—OK —admití. Fui un tonto. Eso se hizo notorio cuando regresé esa tarde y ni Wally ni mi tarjeta estaban en casa. Nunca más lo vi. La tarjeta apareció en el buzón, pero no los cuatrocientos dólares que Wally sacó de mi cuenta.

Helen, mi siguiente acompañante, fue aún peor que Wally, si eso fuese posible. Grosera y desaliñada, me leía la correspondencia, usaba lenguaje profano y me maldecía cada vez que perdía la paciencia. Sus modales ordinarios y bruscos me hicieron extrañar más aún el trato dulce y cariñoso de Julie.

Luego, Helen pensó que se había enamorado de mí e hizo avances sexuales cuando se ocupaba de mis necesidades personales.

Luego vino Ned, un estudiante de dieciocho años quien enseguida demostró ser incompetente. Lo siguió Tomás; pensé que podría sobrellevar su torpeza hasta que un día, al darme vuelta, me tiró de la cama. Quedé colgando entre el colchón y la pared; tuve suerte que las personas con quienes compartía la casa todavía no se habían ido al trabajo y entre los tres me volvieron a poner en la cama.

Mientras trataba de vencer el deseo de matar acompañantes, me di cuenta que lograr un título en una universidad secular era un reto mucho más difícil de lo que yo había creído. Muchos de los profesores comenzaban nuestra relación con la misma pregunta:

—Señor Heagy ¿cómo espera lograr su maestría en esas condiciones?

Aunque lo esperaba, la pregunta siempre me daba palpitaciones, pero me las arreglaba para mirarlos a la cara al responderles con firmeza.

—Tomando un día a la vez. Voy a tomar cada día a la vez.

Algunos profesores no me querían hacer ninguna concesión especial. Insistían en que tomase los exámenes con el resto de la clase o que completase los exámenes orales con un apuntador. Alguno de ellos creían que me hacían un favor al ubicarme al lado un compañero que me hiciese las preguntas. Pero, generalmente, me bloqueaba; se me ponía la mente en blanco y el material estudiado concienzudamente y bien sabido, se volaba a la estratósfera. A pesar de estas limitaciones, me había propuesto sacar A en todo. No aceptaría menos que eso.

En contraste con muchos profesores que no estaban dispuestos a salirse de su rutina para facilitarme el camino, un profesor demostró sentir una gran disposición compasiva. En lugar de mandar duros ultimátums, la doctora Harris me preguntó cómo podría colaborar para suplir mis necesidades. Ella se dio cuenta que mi incapacidad física me dificultaba realizar hasta las tareas más sencillas; su tierna y nutritiva instrucción fue algo enviado por Dios en aquel primer año.

Entre mis padecimientos con los acompañantes y las luchas para completar los trabajos asignados, tenía poco tiempo para socializar. Raramente salía del departamento; excepto para ir a clases. Parecía que tenía que dedicar todos los minutos a resolver problemas, ya fuesen tareas estudiantiles o alguna crisis con mis acompañantes. Estaba solo y parecía no haber remedio para ello. Tenía pocas oportunidades de hacer amigos. Extrañaba a mi familia. Pero, más que nada, extrañaba a Julie. Por mucho que lo intentaba, cuando terminaba mis tareas y estaba acostado en la oscuridad de mi cuarto, no podía evitar pensar en ella, en nuestras conversaciones, en nuestra risa, en las cosas alocadas que habíamos hechos juntos y en la intimidad compartida. Había creído que en San Diego sería capaz de sobreponerme al dolor; había orado para que el dolor de haberla perdido se acabara finalmente; pero no fue así.

Había una chispa de esperanza en lo profundo de mi corazón que se negaba a suavizarse. Era la parte testaruda de mí que pensaba que tal vez —solo tal vez— Julie volviese a mi lado.

Un día tocaron a la puerta y cuando fui a atender me encontré con Julie parada en el portal.

25 Lo que pudo haber sido

La silueta de Julie se dibujaba bajo los rayos del sol del otro lado de la puerta de mosquitero. Al ver mi expresión de asombro, sonrió.

—Hola, Ron. ¿Puedo entrar?

—Claro... ¡por supuesto! —tartamudeé—. ¿Por qué... este... qué estás haciendo en California?

—Estoy de vacaciones con mis padres y decidí venir a visitarte. ¿Cómo andan las cosas? Se te ve bien.

—¡Fantástico! Sí. Sí me va muy bien. Sin problemas —contuve el impulso de decirle la verdad. Mientras estemos hablando animadamente, quizás no se vaya... y yo quería de todo corazón que se quedase.

Ella jugó mi juego. Conversamos de trivialidades. *Sigue hablando así —me dije a mí mismo—. No hables de cosas serias. No cambies de tono. No le digas lo mucho que la amas y la necesitas. Sigue hablando de cosas intrascendentes.*

Y así lo hicimos; hablamos nos reímos, recordamos cosas, nos pusimos al día con las novedades de nuestros amigos y familiares hasta que se puso el sol y salieron las estrellas. Estaba esperando el momento en que se pusiera de pie para irse, pero parecía que no tenía apuro. Finalmente, reuní coraje y le pregunté si no se quería quedar.

—Hay otro cuarto en el pasillo —agregué inmediatamente—. Puedes quedarte el tiempo que quieras.

—Gracias —dijo simplemente— voy a buscar mi valija. Está en el auto. Para mi sorpresa, Julie se quedó al día siguiente... y al próximo. Fue maravilloso volver a estar juntos. Por un momento, pensé que al volver a estar juntos, ella reconsideraría nuestra separación. Pero las cosas no eran iguales. La magia había desaparecido de nuestra relación. Los ojos de Julie ya no centelleaban cuando se encontraban con los míos.

Aun así, se quedó una semana y sugerí ir a ver un consejero para trabajar con nuestras diferencias.

—Ron, es demasiado tarde ya —dijo amablemente.

—Entonces ¿para qué viniste, Julie? Tendrás que haber tenido una razón.

Ella titubeó. —Yo... no lo sé realmente. Tal vez fuese para estar completamente segura que... nuestra separación era lo mejor para los dos.

—Bueno, *no* es lo mejor para los *dos* —le contesté, con frustración en la voz. Nos quedamos callados, vacíos y acabados. Finalmente, le hice la pregunta que me había estado molestando desde que se había ido. Julie ¿hay alguien más?

Julie desvió la mirada y no me contestó. Tomó la valija y fue hasta la puerta.

—Adiós, Ron.

Unas semanas después me llegaron los papeles de divorcio.

Mientras que mi matrimonio se derrumbaba, mi hermana Pennie, a quien yo había criticado por su divorcio, estaba en proceso de volver a casarse. Cuando estaba terminando mi primer año en la universidad, ella y Sean eran padres de un lindo varoncito. De muchas maneras, Pennie había sido mi alma gemela cuando estábamos creciendo. Habíamos estado muy cerca el uno del otro y sabía que mi prédica santurrona la había herido. Ahora que yo mismo me divorciaba, era mucho más sabio acerca del dolor y las presiones que seguían a un divorcio. Llamé a Pennie por teléfono en medio de la noche, después de haber tenido un mal sueño donde la veía herida y abandonada en la playa. Carcomido por el recuerdo de lo duro que había sido con ella, la asusté al llamarla tan tarde... cuando todo lo que quería era disculparme.

—Si, Ron, yo entiendo —me dijo al escuchar mis disculpas—. La gente no sabe lo que es hasta que pasan por ello ¿verdad? Te quiero, Ron. Buenas noches.

Cuando terminaron las clases, Pennie y Sean me invitaron a pasar el verano con ellos y el pequeño Jacob. Daniel estuvo de acuerdo en ir a cuidarme en cuanto quedara libre. Era un arreglo perfecto.

Me gustó conocer al bebé. A veces Pennie ponía el moisés en la bandeja de mi silla y adhería su mamadera al palito de mi boca para que le diese la leche. Al verlo tragar tan ansiosamente mirándome a los ojos, deseaba tenerlo en mis brazos y me entristecía pensar qué hubiese pasado si Julie no me hubiese dejado. Al ver a Pennie tan feliz en su matrimonio me hizo pensar si mi propio matrimonio hubiese sobrevivido si Julie y yo hubiésemos empezado una familia. Seguramente que hubiese estado más comprometida si hubiésemos tenido hijos, pero ya era demasiado tarde para imaginarse cosas.

Fue un verano de ensueño. Disfruté volver a Oregón y estar con la familia y los amigos y después de haber sufrido tanto en California debido a los acompañantes negligentes, tener a Daniel a mi lado de nuevo fue una bendición.

Lo único que empañaba mi vuelta a casa era un loco rumor que corría entre mis antiguos alumnos de East Linn Academy. Los estudiantes comentaban que yo había dejado a mi esposa por otra mujer.

—¿Cómo es posible que crean eso? —le pregunté a Pennie, asombrado que alguien pudiese comenzar un rumor tan lejos de la verdad—. Traté de darle un buen ejemplo a esos muchachos. Y ahora ellos creen que soy un hipócrita y un marido infiel.

—Ron, tus amigos saben la verdad —me dijo Pennie—. No importa lo que crean los demás.

—¡A mí me importa! Me importa lo que esos muchachos piensen de mí. Traté de mostrarme ante ellos como un buen cristiano, como alguien en quien pudieran confiar que hacía bien las cosas. No puedo soportar que crean que hice algo en contra de mis valores.

—¿Y qué vas a hacer al respecto?

—Voy a hablar con los muchachos y decirles la verdad.

Mientras repasaba mentalmente la lista de mis alumnos, tratando de pensar en alguien que me pudiese ayudar a poner las cosas en orden, me vino a la mente el nombre de una estudiante. Christy Stonehouse, la divertida estudiante que se aseguraba que no hubiese aburrimiento en mi aula.

26 Christy

Quién habla?
—Christy, es Ron Heagy. ¿Te acuerdas de mí? Fui tu maestro en East Linn Christian Academy.

—¡Ah! ¡Hola, señor Heagy! —titubeó Christy del otro lado de la línea, asombrada, sin duda, del motivo del llamado de su ex maestro. Actualmente asistía a Chemekea College con una beca de volibol. Su voz parecía más madura, más segura y asentada que cuando mantenía mi clase en constante animación.

—Christy, me gustaría discutir algo contigo, pero preferiría no hacerlo por teléfono. ¿Podríamos encontrarnos unos minutos en los próximos días? No será mucho tiempo.

A pesar de que su voz sonaba más madura seguía siendo entusiasta e impetuosa.

—Sí, mañana puede ser. Iba a ir a la playa con una amiga un par de horas, pero a ella se le complicó y no puede ir. ¿Quiere ir conmigo?

—Bueno... —sonaba lindo ir a la playa, pero no le quería dar una falsa impresión. Después de todo, ella era una niña todavía que acababa de terminar la secundaria.

Pero, sería agradable disfrutar de un rato de esparcimiento en la playa—. ¿Estás segura que no te molestará ir con un viejo maestro discapacitado adherido a ti?

Christy se rió. —Usted no está tan viejo y decrépito, señor Heagy. Y tampoco es mi maestro ahora.

Algo en el tono de su voz me llevó a hacer una pausa antes de continuar. —En ese caso, deberías llamarme Ron —sugerí.

—Bien, Ron. ¿Puedo ir a buscarte mañana?

Le di la dirección de Pennie y le pregunté si podría manejar la Arveja Verde.

—No hay problema —dijo segura.

A la mañana siguiente yo estaba listo y sentado afuera cuando llegó. Al verla me quedé mudo. En un año se había transformado, de una adolescente alegre y larguirucha peinada con cola de caballo en una graciosa joven.

Su largo cabello rubio enmarcaba su bello rostro. Sobre su linda y traviesa naricita apoyaba unos anteojos de sol y la sonrisa más brillante que jamas haya visto por poco me enceguece mientras buscaba decir algo inteligente.

—¡Hola! —pude decir finalmente.

—Hola —contestó con soltura— veo que estás listo para salir.

Christy me ayudó a levantar el elevador y entrar en la Arveja Verde; luego cerró la puerta, dio la vuelta y se sentó en el asiento de conducir. No pude sacarle los ojos de encima.

—¿Pasa algo? —me preguntó al ver la expresión de mi cara por el espejo.

—Estaba observando cuánto has cambiado en el último año —confesé—. Es difícil creer que eres la misma chica que puso a prueba mi paciencia durante todo un año. Me acuerdo el día que te pegaste hilos en la nariz tratando de imitar una morsa.

Se rió. —Sí Era muy buena haciendo esa clase de cosas ¿no?

Los dos nos reímos. El día estaba empezando de manera interesante; seguramente seguiría de manera diferente a como me lo había imaginado.

En la playa, Christy empujó mi silla a lo largo de la rambla mientras seguíamos conversando de cosas triviales. Finalmente, decidí decirle cuál había sido el motivo de mi llamada.

—Christy, probablemente hayas oído el rumor que corre acerca de mi ruptura matrimonial.

—Sí, claro, oí algo al respecto —me dijo tranquilamente.

—Bueno, no es cierto y no sé cómo habrá empezado a circular algo así.

Ella me miró, sonrió y se encogió de hombros.

—No te preocupes, Ron. Nadie lo cree. Solamente consideramos la fuente.

—Oh... —me sentí un poco avergonzado por haber asumido que mis alumnos iban a creer ciegamente lo peor de mí sin verificar la fuente. *¡Debí haberles dado más crédito que eso!* —me di cuenta—. Y eso fue todo. Nuestra "cita de negocios" había terminado y nos quedaba el resto del día por delante.

Al mediodía, Christy me dio de comer mientras conversábamos como urracas, nos reíamos, hacíamos chistes y disfrutábamos el amor que ambos teníamos por las travesuras. En una ocasión durante ese día, hasta me vació la bolsa de la pierna y me sorprendió ver que lo hacía sin alterarse. Ella aceptaba mi incapacidad sin reservas o vergüenza. A la hora de compartir una pizza para cenar y volver a casa de Pennie, ya me había olvidado por completo del rumor que tanto me había molestado los días pasados.

Esa noche, volví a revivir el día en detalle, volviendo a sonreír por el sentido del humor de Christy. Me di cuenta que había pasado mucho, mucho tiempo desde que no me reía tanto y me divertía de esa manera. También me di cuenta lo mucho que me atraía Christy, y eso me turbó.

27   Un viaje increíble

El verano pasó muy rápido. Lamenté dejar a mi familia y amigos, especialmente a Christy. Pero los momentos pasados juntos estaban atesorados en mi memoria para recordarlos en el futuro. Estaba renovado y relajado, listo para terminar mi maestría. Solamente quedaba un problema. Daniel seguía negándose a acompañarme a San Diego, por lo que me tenía que buscar un asistente.

Pennie me sugirió que pusiese un aviso pidiendo alguien que también manejase la camioneta y me llevase a California. Ella me ayudó a entrevistar a los postulantes y finalmente acordamos que la persona indicada era una agradable señora de cuarenta y ocho años con un doctorado en filosofía. Nos dijo que era una acreditada maestra de profesión pero que había estado trabajando últimamente como enfermera practicante. Shane parecía sincera y yo no tenía razón alguna para dudar ni teníamos tiempo para verificar todas sus referencias.

Una vez en la autopista, me agradó ver lo bien que manejaba la camioneta a pesar de arrastrar un pesado remolque. También era una agradable compañía y tenía una conversación interesante. Charlamos amigablemente compartiendo algunas experiencias como maestros. A medida que avanzábamos en el camino crecía mi confianza en Shane. Ya no tendría que tener miedo de ser maltratado, robado o abandonado.

Paramos varias veces para ir al baño y aprovisionarnos de combustible. Shane me ofreció pollo frito y ensalada de papas, pero yo opté por el sandwich que Pennie me había preparado. Cada vez que parábamos, Shane se ocupaba de mis necesidades y luego bajaba a estirar las piernas.

Cuando paramos en Bakersfield, mientras el empleado cargaba el tanque de combustible, Shane fue al baño llevando un bolso. Al rato, un poco preocupado por su tardanza, la veo venir caminando con cierta inestabilidad, agarrando el bolso con ambas manos. Se acercó al asiento del conductor, erró al apoyar el pie y se tomó del volante para sujetarse haciendo sonar la bocina.

Pensando que podría estar enferma, le pregunté: —¿Te sientes bien?

Shane asintió. —Claro, estoy bien.

La animada conversación se interrumpió. *Probablemente esté cansada* —pensé—. *Después de todo, ha sido un viaje largo. Yo mismo estoy cansado.*

Nos metimos nuevamente en el tránsito llegando a Grapevine, una franja de la carretera temida por los conductores debido a lo resbaladiza y traicionera. La Arveja Verde se meció un poco en varias curvas, haciéndome caer hacia adelante. Sentía el olor a goma cada vez que Shane pisaba el freno un poco forzado. Pegado al contrarriel había profundos barrancos, por lo que me sentí muy aliviado cuando llegamos abajo sin despeñarnos.

Acabábamos de tomar la última curva, sacudiéndonos levemente sobre la línea del medio cuando escuché un fuerte ruido, como un disparo. La camioneta se inclinó primero a la derecha y luego a la izquierda. Pensé que el remolque se iba a soltar lanzándonos fuera de la ruta en cualquier momento.

—¡Para, Shane! —le grité por encima del chirrido de las gomas—. Tírate a la banquina. Parece que explotó un neumático —ella dio un volantazo a la derecha y nos detuvimos sobre la banquina sin pavimentar—. Será mejor que bajes a revisar las gomas.

Shane me miró como si estuviera en un estupor. Tuve que repetirle lo dicho antes que bajase la manija de la puerta y abriese, saliendo a tumbos de la camioneta.

—Shane ¿te sientes bien? —volví a preguntarle.

No me contestó, tan solo inclinó la cabeza y me miró con ojos nublados y sin enfocar la mirada.

Viendo que no iba a poder hacer mucho, le pedí que abriera mi puerta y bajase el elevador.

Estuvo tocando los botones hasta que me impacienté. Una vez que la rampa hubo bajado, bajé a revisar el remolque. ¡Eso era! Uno de los neumáticos del remolque se había reventado.

—¿Y ahora qué vamos a hacer? —farfulló Shane.

—Buena pregunta. El único repuesto que tenemos es para la camioneta —le contesté mirándola de nuevo—. Shane ¿qué te pasa? ¿Estás enferma?

—Me siento... mal. Debe... haber sido el pollo —sin agregar nada más, se subió a la parte posterior y cerró los ojos.

—¿Shane?

No me contestó. La camioneta estaba silenciosa, excepto por la respiración pesada de Shane.

Girando en círculo con mi silla, observé los alrededores. Adelante se extendía el hermoso valle de San Fernando y había una estación de servicio como a ciento cincuenta kilómetros. Habíamos pasado por un pequeño motel antes que explotara el neumático. Pensando que el motel estaba cerca, me encaminé hacia allá conduciendo mi silla con el mentón por la banquina.

Cuando llegué al estacionamiento, vi un hombre descargando el equipaje.

—Disculpe, señor —le dije. No me escuchó—. *¡Señor!* —repetí y se dio vuelta—. A mi remolque se le reventó un neumático. ¿Podría darme una mano, por favor?

Sin decir una palabra pero, evidentemente, de mala gana, me siguió hasta la camioneta.

—Esta goma de repuesto no va a calzar en el remolque. Es muy grande —dijo después de revisarla.

—Sí, señor. Lo sé —le contesté con la mayor calma posible—. Pero si usted pudiese sacar la goma y ponerla sobre mis piernas yo la llevaría a la estación de servicio que hay ahí adelante. Tal vez pueda comprar una nueva y algún mecánico me la coloque.

El hombre suspiró disgustado y comenzó a trabajar con el gato mecánico. Cuando sacó la goma, me la puso sobre las piernas, atándola con una soga para que no se cayera y se fue sin decir una sola palabra. No se ofreció a llevarme a la estación de servicio y no quise abusar de mi suerte pidiéndoselo.

Una vez más estaba saltando por la banquina, casi en la oscuridad. Los autos pasaban a gran velocidad al lado de mi silla de ruedas.

—Tendrían que haber puesto luces en esta ruta —murmuré para mí mismo.

La estación estaba más lejos de lo que aparentaba y el empleado estaba listo para cerrar cuando llegué. Pareció perplejo por la interrupción. No hablaba inglés y yo sólo sabía unas pocas palabras en español.

Señalando la goma sobre mis piernas y luego los estantes de neumáticos nuevas, le pregunté: —¿Cuánto?

—Sesenta y cinco —me contestó. Cuando negué con la cabeza, él tomó papel y lápiz y escribió $65.

Tenía menos de cincuenta en mi billetera.

Negué con la cabeza. —Mucho grande.

—Sesenta y cinco —repitió con determinación.

Desanimado, me volví a la camioneta con la goma vieja todavía sobre mis piernas.

Durante mi ausencia Shane había trabado todas las puertas. La llamé, le grité y golpeé con mi silla varias veces contra la puerta. No contestó; sólo roncaba. Cerré los ojos. *Hola, Señor. Soy Ron. Estoy en el exprimidor y necesito ayuda. Por favor, podrías...*

En ese momento, un viejo y desvencijado camión, con una sola luz delantera y una percha por antena, se detuvo en la banquina, al lado de mi silla de ruedas. Un muchacho desaliñado, con un pañuelo atado en la cabeza, me gritó desde la ventanilla.

—¡Eh, amigo! ¿Necesitas ayuda?

No sabía qué decirle. Sí, necesitaba ayuda, pero no creía que el Señor me enviara un caballero de resplandeciente armadura con aspecto de bandolero. No sabía que podría hacer este tipo. Todas mis pertenencias —ropa, computadora, TV, libros— estaban en el remolque.

Mientras su compañera hippie lanzaba el humo en círculos por la ventanilla, él se bajó del camión, se subió los vaqueros y se me acercó. Miró la goma sobre mis piernas y sonrió, mostrando una abertura en lugar de un diente delantero.

—¿Un reventón, eh? Si tienes repuesto, te la cambio.

—Gracias. Tengo, pero es grande.

Tiró el cigarrillo y lo enterró en la tierra antes de contestar.

—En ese caso, creo que tendré que conseguirte una —desató la goma y la tiró en la parte trasera del camión y luego sacó la rueda del remolque—. No va a llevar mucho tiempo —dijo, cerrando la puerta y saliendo dejando una estela de humo negro.

Adiós rueda —me lamenté—. *Probablemente, ese tipo la va a cambiar por una caja de cervezas.*

Shane seguía muerta para el mundo.

Treinta minutos después, el viejo camión regresó en su nube de humo negro y mi buen samaritano saltó orgulloso, sacando un neumático nuevo de la parte de atrás.

—¡La conseguí! —exclamó con una sonrisa.

En tiempo récord, la rueda nueva con la cubierta estaban colocadas en el remolque y las argollas pasadas, aseguradas con firmeza.

—¡Eh, muchacho, eres un enviado de Dios! —le dije—. ¿Cuánto te debo?

—Nada, compañero. Si alguna vez me ves sentado a la vera del camino con un problema, puedes devolverme el favor. ¿De acuerdo? Se subió al desvencijado camión y siguió su camino.

¿Dónde habría conseguido la goma tan tarde? —me pregunté mirando las luces traseras del camión a la distancia—. *Señor, creo que no importa. Lo importante es que tú lo encontraste a él y él me encontró a mí. ¡Gracias Padre!*

Golpeé repetidas veces la puerta de la camioneta con mi silla hasta que Shane, al fin, se sentó.

—¿Dónde estamos? —preguntó con voz de muerta.

—Estamos en el medio de la nada y estoy congelado hasta los tuétanos —le dije impaciente—. ¿Ya te sientes mejor?

—¡Uf!

—Lo siento, pero es peligroso estar aquí. Tenemos suerte que no nos hayan llevado por delante. Baja el elevador para que entre.

Cuando entré, ella aseguró mi silla al suelo mientras me preguntaba si habría tomado una sabia decisión. Encendió el motor y sin mirar se metió en la autopista. Se movía en el flujo de tránsito totalmente impasible a los toques de bocina, señales de luces y frenadas debido al excesivo acercamiento.

Al rato, vi un centro comercial a la derecha y le pedí que parara en su bien iluminado estacionamiento.

—Shane, paremos para pasar la noche —sugerí—. Tal vez te sientas mejor a la mañana.

En cuanto la camioneta se detuvo y apagó el motor, se desplomó sobre el volante y se quedó dormida. Yo recliné la silla y traté de dormir, pero fue inútil. El ronquido de Shane me mantenía despierto. Cerré los ojos en un esfuerzo por relajarme; luego los abrí, al escuchar pasos que se aproximaban. Un grupo de adolescentes, usando pantalones anchos y gorras de béisbol, venían en dirección a la camioneta. *¡Fantástico!* —pensé. *Todo lo que necesitábamos para completar el día es que una pandilla de adolescentes nos robe.*

—¡Shane, despiértate! —le grité.

Ella se incorporó. —¿Eh? ¿Qué quieres?

—Tenemos que irnos de aquí. Rápido.

Shane salió disparada del estacionamiento como un maníaco poseído por el demonio. Una vez en la autopista, se pasaba de carriles despreocupadamente, mientras los conductores trataban de esquivar que los tocase con el remolque. Todo lo que pude hacer fue contener el aliento y orar.

Después de más de tres horas de terror en la carretera, llegamos a San Diego a las dos y media de la mañana, con los nervios de punta pero ilesos.

Shane se desplomó en el sillón mientras que el matrimonio que me alquilaba su casa y que tantas veces me había demostrado su amistad, me ponían en cama. Teresa hasta se ofreció quedarse en casa al día siguiente, hasta que mi enfermera pudiese ponerse en pie. Tres días después, al ver que la condición de Shane no mejoraba, de mala gana llamé a Helen y le pedí que viniese a ocuparse de ambos. Seguía siendo ruda y gritona, pero, al menos, era eficiente.

Recién entonces nos dimos cuenta cuál era el problema de Shane. *No era* intoxicación por alimentos.

28 Amigos por interés

S hane estaba ebria. Helen encontró seis botellas vacías de vodka debajo de su cama.

Me disgustó sobremanera ver a mi enfermera desparramada en el suelo, perdida en un estado de estupor. Pero, al mismo tiempo sentí lastima por ella y quise ayudarla. Pensando si repetiría el mismo error que cometí con Wally, le pregunté si quería inscribirse en el programa de Alcohólicos Anónimos y que no la despediría.

—Pero, una sola falla y estás fuera, Shane —le advertí.

Teresa y Ron no estaban conformes con el arreglo y no los podía culpar por no querer compartir su casa con un cuadriplégico y una alcohólica. Alquilé dos cuartos en otro lado y Shane y yo nos mudamos.

Cumpliendo su promesa, Shane se afilió a Alcohólicos Anónimos y durante unas cuantas semanas se mantuvo sobria. Entonces, luego de un estresante día en la universidad, un amigo me llevó a casa y me encontré con que Shane había vuelto a tomar y la casa estaba hecha un desastre.

197

Cuando la enfrenté, me amenazó e hizo abuso verbal antes de desplomarse en el sillón en otro de sus letargos alcohólicos. Pedirle que se fuera hubiese sido ridículo ya que ni siquiera podía ponerse en pie; y por otro lado quería que se fuese *ya mismo*.

Llamé al departamento de policía preguntando si a Shane la podían tener en custodia. El empleado me dijo que por no encontrarse en un lugar público y como no estaba perturbando el orden, la policía no podía hacer nada. Estaba disgustado con Shane y conmigo mismo. Me había metido en este lío por ser demasiado sensible ¡y no era la primera vez!

—Bueno, no hay nada que pueda hacer más que esperar a que esté sobria —le dije al amigo que me llevó a casa— pero mientras tanto, necesito ayuda.

Hice una pausa esperando que Jim se ofreciera. No lo hizo.

—Este... Jim, ¿habría alguna posibilidad que tú me prepararas algo para la cena, me dieras de comer y me pusieras en la cama antes de irte?

Jim era uno de los hombres del grupo de estudio bíblico que dirigí cuando me mudé a California. No era un estudiante universitario pero lo consideraba un amigo en quien podía confiar. Su respuesta me impactó.

—Ron, parece que no te das cuenta que todos tenemos responsabilidades y problemas. Tienes que contratar alguien responsable que se ocupe de ti y no imponerle una carga a tus amigos cada vez que tienes un problema.

Si me hubiese dado una bofetada no me hubiera sacudido más. Asintiendo lacónicamente, le agradecí por haberme traído a casa y le dije adiós al tiempo que me preguntaba si todos mis amigos sentirían lo mismo que Jim, o si tendría amigos.

Con el palito en mi boca, marqué el número de otro amigo del estudio bíblico.

—Jon, tengo un grave problema —le dije.

—¿Qué te pasa?

—Mi enfermera está ebria y necesito ayuda. Hay comida en el refrigerador pero no puedo servírmela. ¿Podrías venir a darme de comer y meterme en cama?

Hubo una breve pausa; luego Jon contestó.

—Ah, Ron, van a venir varios jóvenes de la iglesia para un estudio bíblico y hoy me toca a mí dirigir el grupo.

—¡Eso es magnífico! —dije tremendamente aliviado. Yo conocía a esos jóvenes—. ¿Por qué no se reúnen aquí? Este ha sido un día terrible para mí. Todo lo que podía haber salido mal *salió*. Me gustaría tener un poco de compañerismo cristiano.

—Lo siento, Ron, es tarde para cambiar los planes. Los muchachos están por llegar en quince minutos. Pero oraremos por ti.

Colgué aturdido y lastimado ante las reacciones de hombres a quienes había considerado mis amigos. Le di un vistazo a Shane, todavía derrumbada en el sofá en una posición poco femenina, con una botella de vodka en una mano y una mancha de orina en el vestido. Golpeé el sofá con mi silla en un esfuerzo por despertarla.

—¡Shane, despierta! *¡Despierta!*

Silencio.

—Shane es hora de preparar la cena —abrió sus ojos enrojecidos mirando en el espacio por un minuto y los volvió a cerrar. Si esta parranda era como la anterior, estaría zombi unos cuantos días. Mientras tanto, mi única opción era llamar a una agencia solicitando una enfermera; una alternativa cara, teniendo en cuenta el poco tiempo de anticipación.

Aquella noche, después que el enfermero de la agencia me hubo dado de comer y acostado, me quedé despierto un buen rato. Nunca me había sentido tan solo.

Unos días después recibí una carta de Jim. Decía que era egoísta y abrumador y decía que había tomado ventaja de conocidos ocasionales.

Por lo tanto, perdí algunos "conocidos ocasionales" en aquel segundo año en San Diego, pero gané un amigo de verdad. A Dave Woods le gustaban las mismas cosas que a mí. Disfrutábamos conversar acerca de nuestras creencias cristianas y también pasear por la playa los fines de semana. A Dave le gustaba estar cerca para poder ayudarme. Si tenía algún percance y me ensuciaba la ropa o se rebosaba la bolsa de mi pierna, él se encargaba de todo con buen humor. Después de mi dolorosa experiencia con Jim y los demás, la amistad de Dave llegó a ser una de las mejores cosas que me pasó aquel año.

La otra cosa maravillosa fue Christy. Desde el día que pasamos juntos en la playa de Oregón, raramente había estado fuera de mis pensamientos. Christy era hermosa, vivaz, popular entre sus compañeros y siempre se divertía. Enseguida me sentí atraído hacia ella pero me dije que estaba fuera de mi alcance. Por empezar era diez años menor que yo; sumado a ello, estaba el tema del divorcio y mis creencias cristianas.

El verano anterior me había sorprendido —por mí y por su respuesta— cuando le pedí que saliera conmigo en varias ocasiones y había aceptado.

Nos habíamos visto con frecuencia a lo largo del verano, habíamos ido a fiestas, al cine, a conciertos en Portland. Pero me seguía diciendo a mí mismo que sólo éramos amigos, nada más. Nunca hablamos de nuestros sentimientos o discutimos nuestra relación hasta el fin de semana anterior a mi partida para California. Habíamos ido de campamento con mis primos y de vuelta a casa empecé a pensar en mi regreso a San Diego... sin Christy.

Conduciendo hábilmente por la montaña, Christy también parecía abstraída en sus pensamientos.

—¿Cansada? —le pregunté finalmente, rompiendo el silencio.

—No, pensando.

—¿En qué?

Se dio vuelta para mirarme con una melancólica sonrisa.

—Ron, debo decirte que pensaba en ti... en nosotros. Me he divertido mucho contigo este verano, y voy a extrañarte.

Su mención a "nosotros" me dio esperanzas.

—Christy, no me animé a decírtelo antes pero siento algo muy fuerte por ti, y eso me inquieta.

—¿Te inquieta? ¿Por qué?

—Eres joven y bonita. Yo tengo diez años más que tú y estuve casado. Es una locura pensar que puedas sentir algo más que amistad por mí.

Aun en la oscuridad, pude ver su expresión placentera cuando se dio vuelta a mirarme.

—¿Te acuerdas la primera vez que fuimos juntos a la playa? —me preguntó.

—Claro, me acuerdo de cada momento.

—Yo también. Fue un día tan maravilloso que no quería que terminara. La mayoría de los muchachos que conozco son egocéntricos. Solo piensan en sí mismos, en lo que quieren y como lo van a conseguir. Ron, tú eres diferente. Contigo puedo ser yo misma; puedo compartir mis sentimientos y saber que no me vas a rebajar.

En las películas, esa es la parte en que el auto (sin duda un convertible) se detiene en la banquina y el hombre toma a la chica en sus brazos y la besa apasionadamente.

Pero nosotros seguimos por la carretera en la camioneta verde sonriendo en la oscuridad, con una idea tomando forma en nuestra mente. *¡Ohhh!*

Cuando Shane y yo estábamos saliendo a la mañana siguiente en lo que sería nuestro horripilante viaje de regreso a la universidad, Christy, Daniel, Pennie y el pequeño Jacob nos miraban haciendo los últimos preparativos. Daniel me guiñó un ojo y me dijo que me portara bien. Pennie nos dijo que nos cuidásemos y que me mantuviera en contacto. Y Christy... bueno, Christy lloraba.

—Ron, estaré orando por ti —dijo parada al lado de la camioneta con la voz quebrada.

—Gracias Christy. Cuídate mientras no estoy ¿OK? Te veré en Navidad.

Algo había cambiado, mejorado, en mi segundo año en la universidad. La diferencia era Christy.

Viviendo con un presupuesto muy reducido, siempre tenía más cuentas que dinero, pero me convertí en un experto en reducir gastos y eliminar lo innecesario para poder disfrutar mi único lujo: regalitos para Christy y llamadas de larga distancia.

Lo primero que hacía en cuanto llegaba a casa de la universidad era revisar la correspondencia y luego la máquina contestadora. Encontrar carta de Christy o un mensaje en la máquina, me alegraba el día.

Disfrutaba comprándole pequeñas sorpresas para enviarle; una tarjeta con un mensaje sentimental, flores, dulces, un frasco de perfume. No importa cuan trivial fuese el envío, ella siempre respondía como si hubiera sido un gran diamante.

—¡Ah, Ron, me encanta! ¡Gracias! ¡Eres tan dulce! Te extraño tanto que no puedo esperar que llegue el momento de vernos nuevamente.

Aun así, me daba cuenta que ella nunca decía las dos palabras mágicas: "te amo". Me imaginé que ella estaba esperando que yo lo dijese primero y verdaderamente estaban listas para brotar de mi corazón. Pero, a pesar de mis profundos sentimientos por Christy, mi pasado todavía se interponía en mi camino. Era un hombre divorciado, cristiano, y no sabía muy bien qué significaba eso para mi futuro. La Biblia hace algunas firmes declaraciones acerca del divorcio y el nuevo casamiento. Necesitaba ayuda para entender como aplicarla a mi situación.

Deseaba que fuese posible continuar mi relación con Christy. Ella me hacía sentir feliz y completo, como un chico de dieciséis años enamorado por primera vez. Julie me había necesitado y yo, ciertamente, la había necesitado a ella, pero eso no había sido suficiente. En cambio, Christy era segura y determinada, una joven que sabía lo que quería e iba tras ello con entusiasmo y perseverancia. Y yo estaba menos necesitado que antes porque había podido —a fuerza de tenacidad— vivir solo. Había probado que con la ayuda de Dios me podía arreglar por mí mismo. Aunque a veces había sido una dura lucha, había llegado a ser absolutamente seguro de mí mismo. No necesitaba una esposa para que se ocupara de mí. Yo quería alguien con quien compartir mi vida, divertirme, llorar juntos y pelear juntos contra los desafíos que la vida nos ofreciera. Creí haber encontrado esa alma gemela en Christy.

Con esos sentimientos creciendo en mí cada día, me plació cuando ella llamó una noche y me dijo que venía a California.

—Nuestro equipo de voleibol tiene algunos partidos en Pismo Beach. ¿A cuánto está de San Diego?

—Como a cinco horas de ruta. Iré para allá.

—Ron, espera. Tengo que quedarme con el equipo. Pensaba que podrías venir a alguno de los partidos.

—Iré para allá —repetí—. Tal vez Dave pueda llevarme, si no —agregué con exagerada galantería— haré el viaje en mi silla de ruedas.

Christy se rió. —Ron Heagy, conociéndote, no me sorprendería que lo intentaras.

Afortunadamente, Dave estuvo de acuerdo en acompañarme en el viaje de dos días, por lo que no tuve que andar de nuevo en la autopista en mi silla de ruedas. Una mañana temprano, cargó mi silla en la parte posterior de un camión de reparto que yo había comprado para revender y salimos rumbo a Pismo Beach. El equipo de Chemeketa Community College ya estaba en medio de un animado juego cuando llegamos. Aun con su uniforme, transpirada y con el pelo recogido en una trenza, Christy estaba hermosa. Cuando le dije a Dave quién era, arqueó una ceja en señal de admiración.

—Hombre, tú si que sabes elegir —me dijo. Cuando Christy nos vio y nos saludó, me empezó a latir el corazón aceleradamente.

Después del partido, Dave y yo seguimos al ómnibus del equipo al motel y luego los tres fuimos a comer hamburguesas con papas fritas a un restaurante de comidas rápidas. Sabiendo que queríamos estar solos, después de cenar Dave me subió a la camioneta y me sujetó con el cinturón, luego dio la vuelta y cerró la puerta del conductor donde estaba sentada Christy.

—¿Crees que puedes manejar este Cadillac?

—¡Claro! —le respondió encendiendo el motor y poniendo la marcha. Enfilamos hacia la playa donde vimos la puesta de sol y conversamos mientras las plácidas olas bañaban la orilla. Era una noche cálida y tranquila. Antes de darnos cuenta, los rayos plateados de la luna se reflejaron sobre el agua, como si el océano estuviera salpicado de estrellas.

Estudié el perfil de Christy mientras guardábamos silencio escuchando el ruido del mar.

—No falta mucho para el receso de Navidad —finalmente rompí el silencio.

—Sí; estoy impaciente —contestó Christy.

—Me gustaría que vinieras a buscarme.

—Bueno...

Antes que pudiera decir que no, me apresuré a darle todos los detalles.

—Te mandaré el pasaje de avión; tengo algunos amigos con quienes te puedes quedar en San Diego... siempre y cuando, tus padres te den permiso.

—Por mamá y papá no te preocupes —me dijo—. Ellos confían en mí y creen que tú eres un gran muchacho.

—Christy, nunca vi a tus padres.

—Tal vez no en persona, pero ellos recuerdan haberte visto en East Linn Christian Academy cuando enseñabas ahí. Además, tanto mamá como papá han leído acerca de ti en los diarios.

—¿No les importa que su hija salga con un cuadriplégico?

—Ron, yo no pienso en ti como un minusválido. Como nadie puede pensar así al conocerte.

Las horas siguientes pasaron muy rápido. Hablamos y hablamos, no queriendo que se terminara la velada. El rítmico sonido del mar era adormecedor y al rato, ambos estábamos dormitando; Christy había apoyado su cabeza en mi hombro.

—¡Oh, no! ¡Mira la hora que es! —exclamó de pronto, sentándose derecha—. Será mejor que vuelva al motel antes de tener algún problema.

El entrenador de Christy nos estaba esperando, caminando de un lado a otro en la vereda del motel. Nos dimos cuenta que estaba furioso.

—Señorita Stonehouse ¿dónde estaba? —le preguntó fríamente mientras ella bajaba de la camioneta.

Christy estaba asustada pensando que su beca deportiva estaba a punto de ser revocada. Empezó a llorar.

—Lo siento, entrenador. Lo siento mucho. No era mi intención venir tan tarde. Estaba con mi amigo a quien hacía mucho tiempo que no veía y fuimos hasta la playa. El tiempo se nos fue.

—Señor, por favor, no culpe a Christy —dije defendiéndola— fue un descuido de mi parte. Debí haberle pedido permiso antes de salir a dar una vuelta —le expliqué que éramos "viejos amigos" y que Christy había sido alumna mía cuando yo enseñaba en East Linn. Finalmente se calmó, pero no sin darle antes a Christy un duro discurso.

Christy se fue a su habitación, mirando rápidamente para atrás al abrir la puerta. Al día siguiente, ella estaba al lado de la ventanilla cuando Dave y yo nos preparábamos para irnos. Impulsivamente, le pregunté:

—Christy ¿me darías un beso de despedida?

Sin dudarlo, se metió en la cabina y apoyó sus labios sobre los míos. No me importaba que nuestro primer beso tuviese de testigos a mi amigo y todas sus compañeras de equipo. No pensábamos en los demás; estábamos pensando que ese beso era la promesa de cosas por venir.

En el viaje de regreso a San Diego, le confesé a Dave mis sentimientos encontrados con respecto a Christy.

—Cuando estamos juntos, ella casi me hace olvidar que estoy confinado a una silla de ruedas. Dave, me temo que me estoy enamorando de ella.

—¿Temes? ¿Por qué?

—Tengo diez años más que ella y estuve casado. Además, soy cuadriplégico ¿te acuerdas?

d¿Christy sabe lo que sientes?

—No del todo —admití.

—¿Y por qué te lo guardas?

—Creo que temo adonde me puede llevar. Ya pasé por ahí y no quiero pasar por eso de nuevo. Además, Christy es tan joven. Puede que esto no sea más que un enamoramiento de colegiala.

—Vamos Ron. Tú no eres un anciano. Si estás enamorado de Christy, dile lo mucho que ella significa para ti y observa como reacciona. Después de todo, eso no significa, necesariamente, que estés pensando en el matrimonio.

—Pero si lo pienso, Dave. Quiero casarme con ella. Eso es lo que me asusta.

29 Enfrentando lo inevitable

Cuando unas semanas después comenzaron las vacaciones, Dave y yo nos encontramos con Christy en el aeropuerto. Cuando la vi tan sonriente bajando la rampa, mirándome con sus resplandecientes ojos azules, mi corazón comenzó a latir como una perforadora.

Era maravilloso poder estar juntos de nuevo. Quería mostrarle los predios de la universidad y presentársela a algunos de mis amigos antes de volver a casa. Pasamos algunos días en la ahora tranquila universidad y en la playa cercana antes de emprender el regreso a casa. Me sentí bien de estar en la autopista rumbo norte con Christy a mi lado.

Era hora de tomar un próximo paso y creí mi deber asumir el liderazgo.

—Christy, me gustaría conocer a tus padres esta Navidad. Tengo que hablar con tu papá; tengo que discutir algunas cosas con él.

—¿Por qué?

Me parece que no me va a facilitar las cosas ¿verdad?
—pensé al ver su traviesa mirada.

—Bueno, yo... te dije que eres muy importante para mí. Antes que las cosas vayan más lejos, quiero saber que contamos con la aprobación de tus padres en nuestra relación.

Al llegar a casa, Christy preparó un encuentro con sus padres. Yo quería conocerlos, pero, al mismo tiempo, temía el encuentro recordando años atrás la escena con el papá de Julie. No tenía idea qué esperar del papá de Christy, el jefe de policía y un hombre importante en su comunidad. ¡Eso no facilitaba las cosas! Me imaginaba que se me venía encima y me echaba de su casa... ¡hasta de la ciudad! Peor aún, podría reírse de mí.

Cuando llegué a la confortable casa de los Stonehouse ya había recopilado una gran variedad de escenas desagradables. La cena fue fácil. Christy mantuvo una fluida corriente de conversación mientras me daba de comer y comía ella. Sus padres me recibieron cálidamente y me hicieron sentir en casa. Pero yo temía el momento en que Christy y su mamá nos dejaran solos y yo me enfrentara al señor Stonehouse de hombre a hombre. Cuando llegó el momento, fui directo al grano.

—Señor Stonehouse, quisiera saber cómo se sienten, usted y su esposa, sabiendo que salgo con su hija.

No me contestó. No dijo ni una sola palabra, por lo que seguí torpemente.

—Como puede ver, soy caudriplégico...*bien Ron, fantástico. ¿Por qué no le dices también que eres rubio natural? ¡El hombre no es ciego!*

«Y bien... ya estuve casado antes y tengo diez años más que ella.

Caramba, no te guardes nada, lárgale todo de un tirón.
Eso no fue lo que yo había planeado. La terrible experiencia vivida con el papá de Julie, se estaba repitiendo.

«¿Tiene... alguna objeción que Christy y yo nos veamos?

Ya lo dije. Lo peor ya paso... eso espero.

El jefe de policía Stonehouse, todavía sin sonreír, de pronto se levantó de la silla. Intenté levantar la cabeza para mirarlo, para ver su fría mirada.

—¿Y si tuviera alguna objeción?

—Señor, sin su aprobación, no volvería a ver a Christy.

La seria expresión de su rostro dio paso a una amplia y amistosa sonrisa; me tomó del hombro con la mano extendida.

—Me gusta tu actitud honesta y directa, Ron. Si tú y mi hija disfrutan de la mutua compañía, cuentan con mi completa aprobación y estoy seguro que mi esposa está de acuerdo conmigo. Christy nos ha hablado mucho de ti, y ahora que hemos tenido la oportunidad de conocerte, me doy cuenta por qué a ella le gustas tanto.

Aquella noche, cuando Christy me llevó a casa, la miré a los ojos y le dije lo que hacía mucho sentía por ella.

—Te amo.

Las palabras salieron fácilmente de mis labios y quedaron flotando a nuestro alrededor.

—Dilo de nuevo —me pidió Christy inmediatamente.

—¿Ehhh?

—Dilo de nuevo —repitió— vuelve a decirme que me amas.

—¿Por qué?

—Quiero estar segura que no estoy soñando —me dijo con una sonrisa y su rostro radiante a la luz de la luna.

Cuando terminaron las vacaciones, volví a San Diego y nos volvimos a ver una sola vez hasta la terminación del semestre. Dave me llevó a Sacramento en las vacaciones de primavera y Christy y una amiga se reunieron con nosotros. Durante dos días los cuatro recorrimos la ciudad, paseamos, hicimos *picnics* y estuvimos juntos.

Una de las cosas que hacía de Dave un buen compañero, era su inesperado sentido del humor. Muchas veces, su alegre humor aflojaba las tensiones, poniendo inmediatamente en su justa perspectiva lo que podría haber sido una situación bochornosa. Por ejemplo, un día me vacío la bolsa de la pierna y mientras él y Christy me estaban colocando en la camioneta, ambos se metieron en el charco y patinaron, mandándome de cabeza contra el asiento. Aterricé de cabeza sobre la falda de Tammy, la amiga de Christy. Ella sintió vergüenza y yo me sentí humillado, pero Dave creyó que era tremendamente divertido y cuando él se empezó a reír, también nos reímos nosotros.

En otra ocasión, algo que comí no lo asimiló muy bien mi aparato digestivo. Cuando Dave y yo ya habíamos dejado el motel aquella mañana, le di a Christy el beso de despedida.

—Te veo en tres meses, querida. Te voy a extrañar.

Christy tenía lágrimas en sus ojos.

—¿Podemos quedarnos un poquito más? Es muy temprano para volver a casa.

—Te espera un largo viaje, lo mismo que a Dave y a mí —insistí.

—Una taza de café y después nos vamos —dijo Christy. Le sonrió a Dave— ¿Por favor?

Él sonrió forzadamente. —Está bien, sube.

No habíamos arrancado en dirección a la cafetería, cuando Dave comenzó a olfatear. Me miró suspicaz.

—Ron, algo me dice que tuviste un problema.

Era un problema grande. Un problema que requería una ducha y un cambio completo de ropa. Ya nos habíamos ido del motel y los hospitales locales de rehabilitación no estaban dispuestos a acomodarnos. Terminamos yendo a YMCA (Asociación cristiana de jóvenes). Dave me llevó al vestuario, se desvistió, me sacó la ropa y me metió bajo la ducha, con silla y todo y muy pronto estuve espléndido otra vez. No había tiempo para una larga despedida tomando café. Todos teníamos que tomar la ruta. Christy me dio un beso de despedida antes de subir a su autito saliendo del estacionamiento rumbo norte. Dave y yo miramos como su auto daba vuelta en la esquina y desaparecía a la distancia. Lancé un suspiro.

—Dave, gracias por todo lo que hiciste por mí esta mañana... y durante todo el viaje. Eres un gran amigo.

Dave se encogió de hombros. —Era lo menos que podía hacer. Además, lamento que hayas tenido ese accidente delante de Christy. Lo siento.

—No lo sientas. Si vamos a compartir nuestras vidas, tiene que saber como es verdaderamente. Ocuparse de un cuadriplégico es un trabajo de veinticuatro horas al día y no siempre placentero. Seguro que Christy ahora lo sabe.

Volver a ver a Christy y volver a mi solitaria habitación en San Diego me hizo sentir más insatisfecho de ser soltero. Quería estar sensible a la dirección del Señor, pero el tema del divorcio no se había resuelto en mi mente. Por lo tanto, estaba todavía entre pedirle a Christy que se casara conmigo y dejar de verla. Mi corazón me apremiaba a hacerle la pregunta pero mi mente me advertía: *Tómate tu tiempo. No corras hacia algo que lamentarás.*

El haber podido encontrar trabajo como consejero en una escuela pública en mi estado civil no había sido un problema ya que el mundo secular aceptaba el divorcio. ¿Pero podría un hombre casado por segunda vez ser aceptado en círculos cristianos? El deseo de mi corazón era ser ejemplo, no piedra de tropiezo, tanto para jóvenes cristianos como para inconversos. También quería alentar a los discapacitados, como Joni Eareckson Tada y el pequeño Jimmy me habían alentado a mí.

Busqué en la Biblia la respuesta a la pregunta que me estaba molestando. Leí en el Nuevo Testamento que el apóstol Pablo le había escrito a la iglesia de Corinto: "Pero a los que están unidos en matrimonio, mando, no yo, sino el Señor: que la mujer no se separe del marido; y si se separa, quédese sin casar o reconcíliese con su marido; y que el marido no abandone a su mujer". Las palabras de Jesús a los fariseos fueron fuertes: "Y yo os digo que cualquiera que repudia a su mujer, salvo por causa de fornicación, y se casa con otra, adultera; y el que se casa con la repudiada, adultera".

¡*Adulterio!* La palabra saltó de la hoja y me golpeó en la cara. Me quedé largo rato ahí sentado, masticando lo que sabía que tenía que hacer. *OK, ya esquivé bastante el tema. Si quiero tener paz mental, es hora que lo encare* —me dije a mí mismo.

Llamé al hermano de Julie y, lo más amablemente que pude, le pregunté si Julie estaba saliendo con alguien.

—Si, Ron, ella... ellos... si, se podría decir que está saliendo con alguien seriamente —me dijo Jim.

Saber que Julie había encontrado un hombre que la hiciera feliz me afectó de distinta manera a lo que me temía. Creí que me iba a derrumbar de nuevo al sentir la vieja herida abierta en mi corazón. Pero en cambio, me invadió un sentimiento de paz. De pronto me di cuenta que me había despojado totalmente de mi pasado. Sintiéndome totalmente libre por primera vez en años, estaba listo para avanzar hacia el futuro.

También mi pastor me alentó. —Ron —me dijo— no defiendo el divorcio; me duele que las parejas hoy en día tomen los votos matrimoniales a la ligera. Pero un matrimonio no prospera hasta que ambos estén dispuestos a trabajar por ello. Si tu esposa te dejó y no quiere reconciliarse, entonces, tú no tienes muchas opciones al respecto.

—Es cierto, pero no quiero dar la impresión que toda la culpa es de Julie. Yo tendría que haber reconocido más lo que ella hacía por mí y no dar por sentado que tenía que ser así. Sin su cuidado y ayuda yo no hubiese sacado mi diploma. No es fácil estar casado con un cuadriplégico; no quiero implicar que Julie no tuviese motivos para irse.

—Sé que no debe haber sido fácil para ninguno de los dos, pero esas cosas tienen que resolverse *antes* del matrimonio y no después. Pregúntale a cualquier pastor y te dirá lo mismo. Hay más matrimonios destruidos en la comunidad cristiana de lo que la gente se imagina. Y hasta en casos de infidelidad, cuando hay arrepentimiento ¿tenemos derecho a darle la espalda a nuestros hermanos en vez de ayudarlos? Si Dios perdona ¿por qué no nos perdonamos los unos a los otros? Me temo que el problema contigo, Ron, sea que no te has perdonado *a ti mismo*.

—Quiero ser un cristiano modelo —dije lentamente, pensando las palabras—. Quiero servir al Señor de cualquier manera en que él quiera usarme... y me gustaría hacerlo con Christy a mi lado.

El ministro me palmeó el hombro. —Ron, creo que serás un buen marido para Christy. Y debido a tu propia experiencia, serás un muy buen consejero.

Salí de su oficina sintiéndome gratamente aliviado pero sabiendo que tenía que hablar con una persona. Necesitaba la aprobación de papá. La iglesia a la cual papá y mamá asistían tenía una postura un poco más legalista y como mis padres habían sido de tanta ayuda en el pasado, no quería hacer nada que los lastimase.

Cuando lo llamé, papá estuvo de acuerdo con el pastor.

—Hijo, si decidiste pedirle a Christy que se casara contigo, será con mis mejores deseos y bendiciones —me dijo con voz firme y alentadora.

¡De pronto, no pude esperar para hacer esa pregunta!

30 Daniel Webster Doe

Mientras mi vida afectiva estaba tomando un giro hacia la felicidad, mi situación doméstica continuaba siendo caótica. Todavía no había encontrado un enfermero responsable. Después de haber entrevistado a varios que se autoproclamaron homosexuales y un hombre que acababa de salir de la prisión, contraté a Stan, un pulcro joven que tenía buenas referencias y una agradable personalidad; al menos, hasta que algo encendió la mecha de su temperamento explosivo. ¡Ese fue el final de Stan!

Mientras la agencia me ayudaba a buscar un reemplazante permanente, tuve que volver a pasar una cirugía ocular para tratarme el glaucoma. Después de la operación regresé a mi departamento desanimado y abatido. Cuando mamá me llamó esa noche para preguntarme cómo me estaba arreglando solo, primero le dije:

—Bien, bien —pero en seguida me quebranté y lloré a voz en cuello como un bebé.

—Hijo, si me necesitas, voy para allá mañana temprano —me dijo en seguida. Me la imaginé con una mano alcanzando la valija y con la otra la guía de teléfonos, lista para buscar el número de la aerolínea.

—No, mamá, de verdad. Ya pasará; solamente que sentí lástima de mí mismo.

Ella me escuchó describiéndole todo el problema que me había llevado a sentirme tan deprimido y luego me preguntó:

—Hijo, ¿un diploma vale la pena por todo la presión que estás pasando?

—Sí, mamá, vale la pena. No me voy a dar por vencido ahora. A veces me siento desanimado, pero no derrotado. Lamento estar descolado en este momento. No te preocupes por mí. Estaré en carrera dentro de uno o dos días.

También Christy me llamó esa noche.

—Ron, no tienes más que pedírmelo y estaré allí para cuidarte.

—Gracias Christy, muy amable por haberte ofrecido, pero lo último que querría sería que dejes tus clases en beneficio mío—le contesté.

Creía que lo que realmente necesitaba era a Daniel. Por eso me pareció un milagro cuando a los pocos días sonó el teléfono y escuché su profunda y resonante voz del otro lado de la línea. Estaba visitando a unos familiares al sur de California y llamaba sólo para saludar.

Obviamente, Dios había traído a mi buen amigo a mi lado; ahora la pelota estaba en mi cancha. Lo iba a persuadir de quedarse a vivir conmigo, costara lo que costase.

—Daniel, estoy en un serio apuro. No te imaginas los problemas que he tenido tratando de... —empecé, preparándome a recitar toda la letanía de problemas.

—¡Vamos, hombre! ¿Quieres que me vaya a quedar contigo? —me interrumpió.

—¿Estás bromeando?

—Vamos, Ronaldo —me dijo con exagerada dulzura—
¿yo sería capaz de hacer algo así? Luego se rió con esa
conocida risa suya que yo recordaba tan bien, llenando mi
corazón de esperanza—. Aguanta ahí, compañero. Voy
para allá.

Perplejo de tenerlo nuevamente en mi vida, me olvidé
de preguntarle de dónde estaba llamando o si venía en
bicicleta. Tres días después tocó el timbre de casa. Me
alegré enormemente al verlo. Después de eso, ya no tuve
miedo de regresar a una casa vacía, no me preocupé si
habría comida en la mesa o ropa limpia en el ropero; nunca
me preocupé por si me pudieran robar, o maltratar o abandonar. Era maravilloso tener a mi amigo de nuevo conmigo.

Daniel era más que un acompañante. Él me levantaba
el ánimo cuando estaba abatido, nunca se quejaba cuando
lo llamaba para darme vuelta de noche o si me tenía que
dar vuelta las páginas de los libros. Mi gran y burdo
enfermero no era del tipo sentimental, pero bajo su tosca
apariencia había un corazón sensible. No me sorprendió
descubrir que le gustara la poesía. Cuando mis ojos cansados de estudiar necesitaban un recreo, nos sentábamos
afuera y él me leía prosa poética durante varias horas.

Daniel hacía todas las compras, lo que me dejaba más
tiempo para estudiar. Traía todo en su vieja bicicleta y a
veces traía más de lo que yo le pedía. Para decirlo clara-
mente, Daniel era un buzo de desechos. En una ocasión
encontró doscientas barras de chocolate en un tacho del
supermercado, todos en su envoltorio original, un poquito
derretidos pero todavía en buenas condiciones. Los habían
desechado porque la fecha de venta estaba vencida.

—¡Eh, hombre! ¡Mira lo que encontré! —exclamó
cuando llegó a casa— están buenos, un poco blandos tal
vez, pero se endurecerán cuando los ponga en la heladera.

Hubo un momento triste después que Daniel vino a vivir conmigo. Su comportamiento general era una fría y distante fachada; la verdad era que no se necesitaba mucho para ponerlo nervioso. Una tarde, cuando regresé de la universidad lo encontré muy excitado y nervioso. Me imaginé algún desastre. Sus vaqueros azules estaban sucios, tenía el peinado torcido y tenía rota la manga de la camisa.

—Daniel ¿qué pasó? Parece que te hubiera corrido un fantasma.

—Peor que eso. Dejé las llaves en el garaje.

—OK, bueno, eso no suena tan mal. ¿Qué pasó?

—Tuve que romper el vidrio para agarrarlas.

Me empecé a reír. —¿Eso es todo? ¡Me habías asustado!

—¿Qué hará el dueño? ¿Nos va a echar?

—Cálmate Daniel. No es tanto problema. Compraremos un vidrio nuevo y lo colocaremos. El dueño nunca se enterará de lo que pasó.

Daniel dio un suspiro de alivio pero no volvió a respirar tranquilo hasta que el panel estuvo colocado. Cuando no se preocupaba por algo, su humor no tenía límites. Ya que Daniel era un ávido lector, por lo menos una vez por semana iba a la biblioteca pública en su bicicleta y traía a casa un montón de libros bajo el brazo. Revisaba todo lo que le atrajese en ese momento, desde el conejo Bugs hasta Shakespeare. En una ocasión dejó un volumen en el borde de la mesa a propósito para estar seguro que yo leyera el título. Él observaba travieso desde la cocina mientras yo me acercaba a la mesa para leer el título: *Enfermeros que matan.*

—¡Eh! ¿Qué es esto? —le pregunté, sabiendo que era una broma.

—Pensé que me daría algunas ideas la próxima vez que te pasaras de la raya —dijo chistoso.

Eso no me preocupaba en Daniel. A veces era tan tierno que yo dudaba si sería capaz de matar un mosquito.

Sabiendo que podía contar con Daniel y que no se iría, el último año y medio de mi maestría se me hizo mucho menos estresante. Fue un enviado de Dios en muchos aspectos. A mis compañeros les gustaba y generalmente pasaban un rato a conversar o a estudiar conmigo los fines de semana. Teniendo a Daniel que se ocupaba de mí y una mujer que me amaba, mi vida se asentó, y la rutina diaria me iba conduciendo a la graduación. Mi única preocupación era la camioneta. El odómetro de la vieja Arveja Verde marcaba 240.000 kilómetros y ya andaba mal. El elevador se descomponía a menudo, a veces se atascaba para abrirse y otras no se retractaba. Cuando no se volvía a guardar, Celia, mi conductora, tenía que manejar con la puerta abierta y la plataforma afuera. No era un peligro pero sí una calamidad que esperábamos.

El final llegó cuando me traía de la universidad a casa una tarde e intentó bajar el elevador. En el momento en que tocó la llave desde la consola, el elevador comenzó a largar humo y chispas en todas direcciones. Ella saltó del asiento, corrió alrededor de la camioneta y golpeó la puerta de mi lado con todas sus fuerzas. Pero la plataforma no descendió. Ya para entonces, la camioneta estaba llena de humo y yo atrapado dentro.

—¡Sácame de aquí! —le grité frenéticamente a todo pulmón, en medio del humo—. No puedo respirar. Rompe la ventanilla. ¡Celia, haz cualquier cosa pero sácame de aquí!

¡Epa! ¡Qué manera de irse! Después de todo lo que he pasado, morir a causa de un cortocircuito en este estúpido elevador! Mientras yo tosía y jadeaba, Celia seguía tratando de abrir la puerta. Cuando ya creía que no podía aguantar más, se abrió la puerta, bajó el elevador y descendí a la

vereda. El aire contaminado de California nunca tuvo un olor tan dulce. Yo estaba agotado y Celia histérica.

—Ron, si no haces arreglar este elevador *ahora mismo* tendrás que buscarte otro chofer. ¡Yo no doy más!

—¡Eh! Tampoco fue algo placentero para mí. Voy a llamar a la agencia de rehabilitación a ver qué pueden hacer. Yo no tengo el dinero para repararlo.

La agencia primero se negó a mi pedido. Determinado a averiguar qué opciones tenía, leí las regulaciones y reglas de rehabilitación vocacional en el libro del estado y descubrí con alegría que como estudiante discapacitado físicamente, podía solicitar una camioneta nueva, totalmente equipada... provista completamente por el estado.

A la agencia le llevó seis meses procesar mis papeles y después de algunas semanas recibí otra nota de rechazo. Como último recurso, llevé mi caso a la junta de apelaciones. Mi amigo Dave Woods me acompañó como apoyo moral. Fortalecido con un portafolio lleno de peticiones firmadas por funcionarios de la universidad y otros líderes, presenté mis argumentos ante la junta de apelaciones.

Al finalizar mi presentación, Dave estaba sosteniendo una de mis pinturas hechas con el pincel en la boca.

—Señores y señoras —concluí— este mar al atardecer muestra dónde me encuentro ahora. Mi silla de ruedas está en el borde del mar sin bote. Espero que puedan ver cuán ansioso estoy por recibir educación superior y espero que encuentren la manera de ayudarme.

La decisión de la junta fue unánime. Me dieron la camioneta.

31

Elogios y ataques

Durante dos años fui el receptor de un premio monetario otorgado por la fundación Blanche Fisher. Los beneficios, incluida la compra, reparación y venta de automóviles, me ayudaban a solventar mis gastos de manutención y cuotas universitarias, compra de libros y materiales de estudio. Por lo tanto, cuando me pidieron que hablase en el banquete anual de la fundación, acepté inmediatamente, ansioso por devolverle algo a este grupo que tanto me había ayudado.

Y también acepté porque pensé que impresionaría a Christy... y lo hice. La invité, le envié un pasaje de avión y la fui a buscar al aeropuerto en una limusina antes de ir al banquete. La velada fue todo un éxito y todavía nos quedaban unos días para estar juntos. Quería pasar con Christy todo el tiempo mientras ella estuviese en San Diego, pero tenía que terminar algunas tareas para varias clases. Mecanografiar con un palito en la boca es lento y a veces tenía que trabajar hasta altas horas de la noche para terminar los trabajos y poder pasar el tiempo libre del día con Christy. Cuando Dave me llamó diciéndome que estaba exhausto y que se iba un rato a la playa con su amiga Leanne, invitándonos a Christy y a mí.

—Suena lindo. Podría aprovechar el tiempo en la playa —le dije.

Era un día soleado y cálido, el tipo que atrae a los turistas a las bellas playas del sur de California, el tipo de día con el que sueñan quienes no pueden venir. Dave estacionó la camioneta y descendí buscando rampas para sillas de ruedas.

—Me parece que no hay —comentó Dave en tono positivo.

—¿Y cómo esperan que baje la gente en silla de ruedas? Si me preguntas, eso es discriminación.

—Cálmate, Ron. Yo te bajaré. De todas maneras tampoco podemos llevar la silla en la arena.

—Uf, no lo creo —vociferé.

—¿Por qué no?

—¿Por qué no? ¿Cómo se vería que me lleves en brazos como el novio lleva a la novia? Tiene que haber algún conocido y no quiero que nadie se haga alguna idea equivocada. Además, no me puedo sentar en la arena sin tener algo que me mantenga erecto.

—Ya hemos pensado en ello. Trajimos una silla de jardín. Las chicas pueden bajarla a la arena y yo te llevo a ti —ya me estaba quitando las correas que me sujetaban a la silla de ruedas.

—¡Eh, un momento! —protesté cuando me pasó un brazo por debajo de la pierna y con el otro me tomaba por la espalda levantándome en andas.

Resignado en esta humillante postura, decidí continuar con la escena. Estiré el cuello y le estampé a Dave un beso en la mejilla.

Dave hizo un esfuerzo por mantener la compostura, pero me di cuenta que estuvo a punto de perderla.

—Querida, te vas a caer de nalgas —tuvo la ocurrencia de decir en el más serio tono de voz que pudo.

—Oh, vamos amorcito —le contesté en agudo falsete—, seguro que no me vas a dejar caer.

—Entonces, deja de besarme. ¿OK?

Dave me sentó en la silla. Mientras Christy me ataba los hombros contra el respaldo, él me cruzó las piernas.

—¿Qué estás haciendo? —le grité—. Ya basta con esta comedia. Me estás haciendo lucir como una chica. Descrúzame las piernas.

Me dejó protestando unos segundos antes de descruzarme.

—Bien, *ahora* estás contento? —me preguntó. Le sonreí y estiré los labios como para darle un beso—. ¿Te importaría que las chicas y yo fuésemos hasta la orilla a jugar un rato con el *frisbee*.

—Por supuesto que no, vayan. Saludaré con el mentón a todas las chicas en bikini que pasen a mi lado.

—Espero no pescarte flirteando, Ron Heagy —me amenazó Christy bromeando.

—No te preocupes, querida, cuando vuelvas me encontrarás aquí. Estáte segura que no iré a ningún lado.

Los vi yéndose a la orilla; cerré los ojos y dejé que el sol me calentara la cara. Entre el sol y el sueño por haberme acostado tarde, me adormecieron. Me desperté con el bullicio de un grupo de jóvenes jugando voleibol. Las olas bañaban la costa dejando a su paso gran variedad de conchas, cangrejos y caracoles.

Un pelícano levantó vuelo desde la boya en la que estaba. Nunca había visto uno volando y me quedé boquiabierto cuando desplegó las magníficas alas que deberían medir más de dos metros de punta a punta. Aleteó hasta tomar cierta altura y luego enfiló hacia la playa. *En mi dirección.*

Había ciento de personas en la playa. ¿Por qué este pelícano se le venía encima al único *paralítico* que se encontraba ahí, el único que no podía pegar un salto, correr o espantarse el pájaro de la cabeza?

Todo lo que sé es que me asestó un golpe en medio de la frente. *¡Splat!* sentí que me corría por la cara algo oloroso, metiéndose en mis ojos.

—*¡Dave!* —grité a voz en cuello. Por supuesto, no se le veía por ningún lado, pero muchas personas se dieron vuelta a mirar al hombre a quien el pájaro había ensuciado. Pensé que sería mejor quedarme callado y llamar menos la atención.

Tal vez si sonrío y saludó con la cabeza a la gente que pasa no se den cuenta —pensé—. Probablemente, algunos se detendrán y dirán: "Señor ¿sabe que tiene excremento de pájaro en la cabeza?"

Pero nadie dijo nada.

32 Encontrando mi lugar

Sam, un adolescente de aspecto rudo, me miró desafiante. Era el primer día de mi internado en un colegio secundario en una ciudad y el director me había pedido que sustituyera a un maestro en el aula de retención. Le había pedido a Sam que se sentara para que los demás pudiesen estudiar, pero no le había caído bien mi petición. Se me acercó y se inclinó diciéndome a la cara:

—Eh, hombre, no tengo que sentarme. No tengo que hacer nada de lo que me digas. Ni siquiera me puedes detener si se me ocurriera salir de esta estúpida aula.

Estuve tentado a decirle: —Inténtalo, amigo y saldré corriendo detrás de ti con mi silla de ruedas —pero, básicamente, Sam tenía razón. No había forma en que lo pudiese retener físicamente. Todo lo que tenía a mi disposición eran palabras.

—Tienes razón —le contesté con calma— no puedo hacer nada por detenerte.

Creyendo que me había vencido, se me acercó más aún con el puño cerrado.

—Hasta puedo darte un piñazo en la nariz.

—Sí, puedes. Pero qué probarías con ello ¿que le puedes pegar a alguien que no puede defenderse? —hice una pausa y luego cambié el enfoque—. Sam ¿sabes algo? Siento lástima por ti porque tú tienes una discapacidad similar a la mía.

—¡De ninguna manera! Yo no soy discapacitado. No estoy atado a una silla de ruedas —sacó los músculos y se pavoneó como un gallo en un desfile a la vista de los demás estudiantes que observaban con atención.

—Sam, puede que seas fuerte y que no estés en una silla de ruedas, pero igualmente estás inhabilitado. Tu discapacidad es del tipo de las que no se ven.

Me miró desafiante. —¿De qué estás hablando?

—Tienes un problema de aprendizaje —hice un gesto con la cabeza en dirección a su pupitre—. ¿Ves ese libro de matemáticas?

—Sí ¿qué tiene?

—Si no eres retrasado, si sabes estudiar y no eres un incapacitado mental, pruébalo. Haz tu tarea y demuéstrame que eres capaz de aprender.

No movió un músculo; sólo me miró pero me di cuenta que estaba pensando en mi desafío. Los demás bajaron la cabeza pero vieron a Sam yendo a su asiento en hosco silencio, tomar su lápiz y comenzar a escribir.

Treinta minutos después, cuando se terminó el período, me dejó su tarea sobre mi escritorio.

—¿Ves? No soy ningún retrasado.

—¡Qué bien! ¡Sí *puedes* aprender! Muy bien Sam, sigue adelante con tu trabajo.

La hoja estaba llena de borrones y tachaduras, pero, al menos, lo había intentado.

Sam nunca más me dio problemas. Hasta a veces pasaba por mi oficina solo para charlar. Su bravura y dureza era sólo la fachada que escondía a un jovencito sin padre que anhelaba ser aceptado y buscaba un modelo masculino de ejemplo. Ese episodio con Sam fue una de las muchas experiencias de aprendizaje que tuve en mi internado. Primero estuve en un hospital local de rehabilitación. Luego, cuando me dediqué a conseguir una credencial que me acreditara como consejero en los colegios públicos, trabajé en escuelas primarias y en el secundario básico. Ya estaba por graduarme y estaba ansioso por trabajar como consejero para los alumnos de los últimos años de secundaria de los colegios públicos.

Como lo había hecho con Sam, aprendí a salir de situaciones amenazantes hablando a nivel intelectual con los alumnos difíciles. Como yo no era ninguna amenaza física para ellos, muchos me escuchaban. Y cada vez que un joven problemático cambiaba de actitud, aumentaba la confianza en mí mismo. La credencial como consejero tendría valor si podía lograr un impacto permanente en muchachos agresivos como Sam.

El mayor desafío que tuve fue Rahau, el cabecilla de una banda que no tenía ningún respeto por la autoridad, no confiaba en nadie y afligía a los maestros. La primera vez que lo mandaron a mi oficina, fue extremadamente precavido, no me miró al hablar y no quiso hablar de sus sentimientos. Gradualmente, a medida que pasaban las semanas, pareció bajar un poco la guardia y estaba empezando a creer que habíamos avanzado algo cuando Rahau vino a decirme adiós.

—¿Te vas, Rahau?

—Sí, me trasladan a otro colegio.

Analicé su expresión. Estaba impasible y sin emoción alguna.

—¿Qué pasó?

—Me arrestaron por violencia pandillera. Pero, honestamente, no hice nada malo.

—Te creo, Rahau. Voy a extrañar no verte por aquí.

Miró hacia la pared pero llegué a verle una lágrima rodando por su mejilla.

—También yo lo voy a extrañar, señor Heagy.

Rahau nunca volvió a nuestro colegio; por lo tanto, todo lo que pude hacer fue orar por él deseando que se acordara de algunas de las cosas que habíamos conversado en nuestros breves encuentros.

Un poco antes de terminar mi internado, me llamó muy atribulada la madre de un estudiante a quien no conocía.

—Señor Heagy ¿usted podría hablar con mi hijo?

—¿Cuál es el problema?

—Tommy está perturbado. Muy perturbado —se le quebró la voz y comenzó a llorar—. Amenaza... con suicidarse. Señor Heagy, Rahau me habló de usted. Él lo respeta. ¿Podría hablar con mi muchacho?

—Por supuesto, señora Turner. Mándeme a Tommy. Me alegrará ayudarlo, si puedo.

Al día siguiente su hijo vino a mi oficina usando unos vaqueros amplios y una gorra de béisbol al revés. Antes de sentarse, dio vuelta y se bajó la gorra para taparse los ojos y yo simultáneamente elevé una plegaria. *Señor, este jovencito está desesperado. Por favor, dame las palabras exactas para decirle.*

—Hola, Tommy. Tengo entendido que eres amigo de Rahau.

Él no me miró. —Sí. Rahau me dijo que viniera.

—¿Tienes algún problema?

—No tengo nada por qué vivir —se metió las manos en los bolsillos de su ancho pantalón mirando hacia abajo y sacó una hoja de afeitar—. Me corto las muñecas y se acaba todo.

Traté de mantener la voz calmada, pero en el pecho, el corazón me saltaba.

—Debes tener muchos problemas, Tommy, como para pensar en quitarte la vida.

—Esto está mal, hombre, muy mal. Tú no sabes lo mal que pueden estar las cosas.

—¿Sí? Bueno, yo sí sé que la vida puede ser difícil. Por ejemplo, mírame a mí, Tommy. Todas las mañanas cuando me despierto tengo que llamar a alguien para que me saque de la cama, me lleve al baño, me duche, me afeite, me peine, me vista, me dé el desayuno en la boca y me traiga al colegio.

Bajé la cabeza y tomé el palito con la boca mientras seguía hablando con él entre los dientes.

—¿Alguna vez me viste escribiendo en la computadora? Así es como lo hago, letra por letra.

Miró con los ojos muy abiertos pero no hizo ningún comentario mientras yo bajaba la cabeza sobre el teclado, escribiendo algunas palabras, letra por letra.

—¿Sigues pensando que no sé lo que es tener problemas? ¿Quisieras estar en mi lugar?

Negó con la cabeza.

—OK, ya te conté mis problemas. ¿Te gustaría contarme los tuyos? Me gustaría poder ayudarte, Tommy.

—Mi... mi... —se le quebró la voz y tragó varias veces antes de seguir.

«Mi papá me manoseaba de niño. Fue terrible y no me puedo olvidar. A veces tengo pesadillas.

—Tommy, lo siento. Pero no fue culpa tuya. Por muy mala que haya sido esa experiencia, no puedes permitir que destruya tu futuro.

—¿Qué futuro? Ya te lo dije, no tengo nada por qué vivir.

—Tienes una madre que te quiere y se preocupa por ti, Tommy.

—Estás equivocado. Mi mamá se casó con un droga-dicto que me golpea cuando está narcotizado. Me da miedo volver a casa cuando ella no está. No soy nadie, hombre. Y a nadie le importa lo que me pasa.

—A mí me importa, Tommy, y a Dios también.

En ese punto, me olvidé de las reglas y ordenanzas que me prohibían hablar de mis creencias religiosas. La vida de este jovencito estaba en juego y tenía que saber que a Dios le importaba.

Todavía con la hoja de afeitar en la mano, Tommy la miró y dijo con voz espectral: —Aun así voy a irme.

Yo no tenía forma de desarmarlo pero se me ocurrió otra cosa.

—Bueno, está bien, tal vez no sea una idea tan mala, después de todo. Tanto tú como yo tenemos problemas. ¿Por qué no nos matamos juntos?

Por primera vez me miró directamente a la cara. —¡No! ¡Tú no puedes hacer eso!

—¿Por qué no? Tú y yo hemos tenido problemas en la vida, así que salgamos del mundo. Tú podrías usar tu hoja de afeitar y yo podría arrojar mi silla delante de un camión.

Abrió la boca. —No, hombre. A ti te necesitan aquí. Tú ayudas a la gente. Mis amigos dicen que vienen al colegio sólo por venir a conversar contigo.

Nos quedamos callados un minuto. Luego dije tranqui-lamente.

—Tommy, mírate. Eres fuerte. Puedes tomar un lápiz y conducir un auto. Tienes buena presencia y todo un futuro por delante. Tú también puedes ayudar a la gente. Solamen-te tienes que cambiar de actitud, tienes que cambiar la manera de ver las cosas. Claro que te han pasado cosas malas, pero tienes que mirar el lado positivo.

Tommy tomó puntería y tiró la hoja de afeitar en el cesto de la basura.

—Si tan sólo pudiese olvidar lo que mi papá me hizo.

Respiré profundamente y solté el aire aliviado, sonriéndole a Tommy.

—Tal vez no puedas olvidarlo pero puedes recordar que no fue culpa tuya. Pero sí es *tu* culpa si permites que el pasado te destruya. La vida no es fácil. Se nos pueden cruzar algunas tragedias en el camino. Créeme, esa es una regla de vida que conozco muy bien. Pero salimos fortalecidos, terminamos siendo mejores personas.

Hice un ademán en dirección a la pintura de la puesta de sol que colgaba de la pared. —¿Sabes cómo pinté eso?

Tommy se encogió de hombros.

—Con un pincel en la boca.

Se acercó y la miró de cerca. Debe ser una réplica.

—No, Tommy —le dije riendo—, es un original.

—Es difícil de creer, hombre.

—Tommy, me gustaría que la tuvieras. Saca ese cuadro de la pared y cuélgalo en tu cuarto. Cada vez que te sientas deprimido, mira la pintura y recuerda lo que hemos hablado en el día de hoy. Piensa en todas las cosas por las que tienes que estar agradecido y todas las cosas que puedes lograr si lo intentas.

Cuando Tommy salió de mi oficina con mi cuadro bajo el brazo y una sonrisa en los labios, pensé: *esto es de verdad, no un ejemplo de libro de texto; y me gusta. Tal vez, haya encontrado mi verdadero lugar. Señor, si tú quieres que pase el resto de mi vida siendo un consejero estudiantil, aprieta los botones, abre las puertas y hazme pasar por ellas. Estoy listo.*

Lo próximo fue que todo se acabó: las clases, el maldito trabajo, los papeles, el entrenamiento, todo. El 23 de mayo de 1992, subí al podio a recibir mi diploma.

Mama, papá, Pennie, Mike, Christy y Daniel Webster Doe estaban sentados entre la audiencia cuando subí la rampa que me habían preparado especialmente para que pudiese ascender como los demás estudiantes. Cuando el decano anunció: "Ronald Charles Heagy, Jr. summa cum laude" mi familia irrumpió en un caluroso aplauso y otros los siguieron. Mis compañeros se pusieron en pie, aplaudiendo y aclamando; de pronto, todo el auditorio estaba en pie. El director colocó el diploma sobre la bandeja de mi silla de ruedas y volví a mi lugar con los demás estudiantes, llevando en mis oídos el sonido de los aplausos.

Había cámaras de televisión y periodistas gráficos esperando que terminase la ceremonia para entrevistarme. Les dije a todos que en el diploma tenía que aparecer también el nombre de Daniel Webster Doe, porque sin él no lo hubiese podido lograr. Mi viejo amigo, con la barba recortada y muy buen mozo usando un traje por primera vez en su vida, se paró orgulloso a mi lado con una sonrisa de oreja a oreja.

Uno de los periodistas escribió: "Este ha sido un gran fin de semana para los 9.000 graduados de la universidad de San Diego. Pero Ron Heagy se robó el espectáculo. Bien puede decirse que es el único estudiante que logró su maestría abriéndose camino con la boca".

33 Concurso ficticio

Una vez decidido a formular la pregunta, me exprimí el cerebro tratando de pensar la manera de formular mi espectacular pedido de matrimonio. Gradualmente, se iba formando una escena complicada en mi mente y le pedí a mi supervisora de cuidado de la salud, Betsy Carey, que me ayudase a ejecutarla.

Le solicité que escribiera una carta en papel oficial con membrete, comunicándole a Christy que se estaría por llevar a cabo un certamen auspiciado por el instituto de rehabilitación de San Diego animando a personas discapacitadas. El propósito del certamen ficticio era "recordarles que la felicidad estaba a su alcance". Los participantes tenían que escribir una monografía titulada: "Cómo me enamoré de una persona discapacitada" de cuatro páginas a doble espacio.

—¡Ron, tendrías que estar avergonzado! —exclamó la señora Carey con maliciosa sonrisa. Luego agregó—, ¿puedo saber cuáles son los premios?

—Bueno, el primer premio será una salida de compras con el ganador y la publicación del nombre del ganador en el boletín mensual del instituto. Se lo voy a dar a una pareja ficticia de cincuenta años, ambos en silla de ruedas. El segundo premio, que se lo ganará Christy Stonehouse, será una cena para dos en el restaurante más caro de su localidad, a la luz de las velas y siendo llevada en limusina.

En este punto, mi cómplice ya estaba totalmente entusiasmada con la idea.

—No me dejes con la intriga, Ron. ¿Y después?

—Me voy a aparecer en el restaurante sin anunciarme y le voy a pedir a Christy que se case conmigo. ¿Crees que se sorprenderá?

—Quedará impactada —asintió la señora Carey—. Espero que te diga que sí; de lo contrario, te va a matar por hacerla escribir una composición de cuatro páginas.

El único inconveniente en mi plan era encontrar la forma de ir de San Diego a Corvallis la noche del gran acontecimiento. Entonces, inesperadamente, Dave me sorprendió diciéndome:

—Le quiero pedir a Leanne que se case conmigo, pero primero me gustaría hablar con su padre que vive en Bend, Oregón.

Lo miré asombrado. —Dave ¿te gustaría tener un casamiento doble?

Planificamos el viaje. Betsy Carey publicó el aviso del concurso ficticio y Christy entró a tiempo al certamen.

—¡Tenemos un ganador! —exclamé al leer su hermosa prosa tan llena de amor.

Unos días después, Dave y yo fuimos a comprar los anillos. Yo compré el diamante más fino que pude pagar y Dave le compró a Leanne un hermoso anillo. Con nuestra cuenta bancaria casi en cero, teníamos que conseguir transporte para llegar a Oregón. Fue entonces que me llamó

Pennie para pedirme que estuviese presente en el nacimiento de su segundo hijo.

—Me van a hacer una cesárea el 20 de febrero. ¿Podrás venir?

—No me lo podría perder —afirmé—. Pero no sé lo digas a Christy.

Cuando mi hermano Mike se enteró que iba a ir para la cesárea de Pennie, me pidió que le comprase una camioneta y se la llevara a Oregón. Todo se iba solucionando. Tenía el camión, el conductor, un hermoso anillo de diamantes y una preciosa novia esperándome al final del camino. La señora Carey, con mi anuencia, le mandó a Christy una carta de felicitación, comunicándole que había ganado el segundo premio. Christy me llamó inmediatamente.

—Ron ¿a que no sabes qué pasó? ¡Gané el segundo premio en el concurso!

—¿Concurso? ¿Qué concurso?

—El del instituto de rehabilitación de San Diego. Escribí una composición acerca de enamorarse de una persona discapacitada. Me mandaron dos entradas para cenar en O'Callahan's, el restaurante más caro de Corvallis. Y hasta tengo cien dólares disponibles para una limusina. ¿Puedes creerlo?

—¡Bueno! ¡Eso es maravilloso! —le dije tiernamente—. ¡Te felicito! ¿A quién vas a invitar a la cena?

—Me gustaría que tú pudieras venir. ¿Crees que terminarás tus clases para el 20 de febrero?

—Lo siento, querida. Justo en esa fecha estoy en medio de los exámenes.

—Ohhh —su tono fue tan triste que casi le digo que sí iba a estar.

—¿Por qué no le pides a mi papá que te acompañe. Se sentirá muy honrado de ser mi sustituto.

—Buena idea —respondió— pero me gustaría que fueras tú.

Mientras yo planeaba mi gran evento, Dave estaba preparando su sorpresa. Le había dicho a Leanne que iba a estar unos días fuera; una vez terminados los exámenes, pusimos el equipaje en la camioneta que le había comprado a Mike y salimos rumbo a Oregón el dieciocho. Quería hablar con los padres de Christy y pedirles su permiso antes de sorprenderla en el restaurante. Todo iba bien hasta que llegamos a San Francisco al día siguiente. Comenzó a llover; primero cayó una lluvia finita pero luego se convirtió en una cortina de agua que iba hasta Oregón. Mi silla de ruedas eléctrica que iba destapada en la cama de la camioneta estaba empapada. Para empeorar las cosas, la autopista que llevaba a casa de los padres de Christy estaba sumamente resbaladiza. Más de una vez patinamos, deslizándonos a la banquina. Hasta tuvimos que esquivar algunos árboles caídos. Pero finalmente logramos llegar... y nos encontramos con la casa a oscuras y deshabitada.

—¡No están! —dijo Dave mirando por las ventanas—. Esto no lo habíamos planeado.

—Intentemos en el departamento de policía; seguramente sabrán donde está el jefe de policía —sugerí.

Corrimos al centro y fuimos a la estación de policía.

—Están en una convención de funcionarios policíacos —nos dijo el empleado.

—¡Oh,no! —no lo podía creer. *¿Por qué no los habré llamado?* —me dije para mis adentros.

—Están en Bend —siguió informándonos el empleado—, en un gran hotel.

—Ron, estoy agotado —dijo Dave al salir del departamento de policía— ¿qué te parece si buscamos un motel y descansamos un poco?

—¡Dave, no podemos! —exclamé—. La cesárea de Pennie es mañana a las siete de la mañana. Jamás llegaremos si no sigues manejando.

Demasiado cansados como para tener los ojos abiertos, llegamos a casa de mis padres a las dos de la mañana. Dave podía dormir toda la mañana, pero mamá y papá me despertaron a las seis para ir juntos al hospital a reunirnos con Pennie y su marido. Cuando pasamos por la casa donde estaba viviendo Christy en ese momento, les pedí a mis padres que me tapasen la cabeza con una manta, en caso que ella estuviese mirando por la ventana. Le tuve que contar a papá mis planes ya que él iba a ir a cenar con Christy esa noche, pero le hice prometerme que no iba a decir nada de lo que estaba pasando.

Treinta minutos después, estaba sentado en mi silla de ruedas con una gorra de cirugía en la cabeza, bata de hospital y medias viendo cómo los médicos le hacían a Pennie la cesárea para que naciera mi sobrino Set. Qué experiencia más gozosa el poder ser testigo del milagro del nacimiento. Estaba tan conmovido por haber visto al pequeño Set que me costó seguir adelante con mis planes. Pero cuando apareció Dave un rato después, me despedí sin muchas ganas, agradeciéndole a Pennie por haber compartido conmigo un momento tan maravilloso.

Al rato, Dave y yo estábamos nuevamente en camino en dirección al hotel en Bend donde se estaba realizando la conferencia. Dave también estaba apurado y, literalmente, me tiró en mi silla y entró corriendo al edificio. Al acercarse el momento que temía, me di cuenta que después de dos días de viaje y sin ducharme ni afeitarme, parecía más una víctima de algún desastre que un hombre que quería causar buena impresión.

Cuando llegamos el señor Stonehouse estaba en una reunión privada. Pero cuando le dije al recepcionista que era una emergencia relacionada con su hija, tanto él como su esposa vinieron corriendo al vestíbulo. Al ver mi lamentable aspecto pensaron lo peor.

—¡Ron! —exclamó la mamá de Christy—. ¿Christy está bien? ¿Qué haces aquí?

—Sí, ella está bien. Lamento haberlos preocupado. Todo está bien; de verdad, no hay ningún problema. Pensábamos encontrarlos en su casa pero mi hermana tuvo el bebé y después tuvimos que correr hasta acá y ahora tenemos que ir a Corvallis porque Christy se ganó el concurso y mi papá la va a llevar a cenar y...

—Ron, Ron ¡espera! Sentémonos —dijo el señor Stonehouse, poniéndole fin a mi apresurado monólogo. Mientras acompañaba a su esposa hasta una silla, dijo—: Bien, empieza desde el principio y dinos lo que has venido a decirnos.

Tomé aire y empecé de nuevo.

—Señor y señora Stonehouse, su hija es un premio muy preciado... quiero decir, una perla de gran valor... ella es maravillosa...

Se miraron el uno al otro y sonrieron ligeramente.

—La amo —dije enfáticamente— y si ustedes lo consienten, quiero pedirle a Christy que sea mi esposa.

Después de una breve pausa, el jefe de policía Stonehouse sonrió.

—Ron, aún antes que nuestra hija naciera, oramos para que se casara con un buen hombre. No nos preocupamos acerca de su físico o riqueza sino solamente que amara al Señor y la amara a ella. Estaremos muy orgullosos de tenerte por yerno. Bienvenido a la familia.

¡Bueno! Hubiese querido besarlos.

—Gracias, señor. Usted no sabe lo mucho que esto significa para mí. Haré lo mejor que pueda por no desilusionarlo.

Les entregué la pintura que les había hecho en la que había escrito: "Al señor y la señora Stonehouse. Siempre amaré a su hija. Gracias. Ron".

Pensando que se la iba a dar la noche anterior, la feché 19 de febrero. Después me dijeron que esa era la fecha del cumpleaños de su hijo, que había muerto unos años atrás.

La madre de Christy, con lágrimas en los ojos leyó la inscripción y dijo:

—Ron, perdimos un hijo y ganamos otro.

Hubiese sido insensible de mi parte retirarme en ese momento; pero eso hice. Dave me arrojó a la camioneta y partimos hacia O'Callahan's, en Corvallis. Estábamos atrasados y yo estaba nervioso. Finalmente le sugerí a Dave que llamase al restaurante.

—Explícale al *maitre* lo que nos pasa y pídele que retrase el postre. Si papá y Christy se van antes que lleguemos, se estropeará todo.

A los cinco minutos, Dave volvió a la camioneta donde yo esperaba impacientemente.

—OK, amigo. Todo arreglado. Pero el *maitre* dijo que nos apurásemos. No los podemos retener mucho tiempo más.

Finalmente llegamos al estacionamiento de O'Callahan's. Habíamos arreglado encontrarnos con Mike y su esposa Bobbi quienes corrieron a nuestro encuentro cuando nos vieron llegar, molestos por la tardanza e irritados al ver lo sucia que estaba la camioneta.

—Lo siento, Mike. El barro se lavará, no es problema.

—¡Claro! No es problema para ti. Tú no eres quien lo va a lavar.

—¡Mike, lo lamento! Después te explicaré. Dave y yo tenemos que entrar al restaurante. No tenemos tiempo para quedarnos aquí conversando.

—¿Y cómo piensas llegar a O'Callahan's? ¿Volando? El restaurante está en el segundo piso y no hay ascensor. Hay que subir por una empinada escalera.

No iba a permitir que nada me detuviera.

—Tú y Dave me van a subir por la escalera.

—¿Con la silla?

—Así es. En mi silla de ruedas.

—¡De ninguna manera! Esa cosa sola pesa 350 libras *sin* ti.

—¡Vamos, Mike! Es importante. ¿Por favor? Tú y Bobbi pueden compartir el postre con nosotros. Es un gran acontecimiento y no se lo querrán perder.

—Está bien —protestó.

Mike no había exagerado. La escalera era empinada. Resoplando, quejándose y empujando, los dos lograron arrastrarme hasta el restaurante, escalón por escalón. Al llegar a la puerta, casi chocamos con un mozo que llevaba una bandeja con decorativos pastelitos en la cabeza.

—Uuuups, disculpe, señor —se disculpó Dave.

Al escuchar el disturbio, Christy miró hacia la puerta. Parpadeó como no creyendo lo que veían sus ojos y abrió la boca asombrada.

—¿Ron? ¿Eres tú? ¿Qué estás haciendo aquí?

Dave y yo terminamos antes los exámenes y decidimos venir a compartir el postre —dije lo más tranquilo que pude mientras Mike y Dave, transpirando y con la cara colorada por el esfuerzo, resollaban detrás de mí. Yo mismo no tenía aspecto de Mr. Clean (Señor Limpio). Hacía dos días que no me afeitaba y tenía la ropa arrugada. Christy pareció no darse cuenta.

Eché un vistazo al restaurante. Todas las miradas estaban puestas en Christy y en mí. Hasta los mozos estaban observando desde los costados. Me aclaré la garganta.

—Creo que todos saben lo que están celebrando Christy y mi papá esta noche. Una cena a la luz de las velas fue el premio que ella se ganó por escribir una monografía narrando como se había enamorado de una persona incapacitada físicamente.

Leí ese precioso escrito de Christy y a continuación un poema que yo había escrito en respuesta. Finalmente dije:

—Christy, eres lo más hermoso que me haya pasado y eres la mujer con quien quiero pasar el resto de mi vida. Lamento no poder pedírtelo de rodillas pero te lo pido con palabras sencillas. ¿Quieres ser mi esposa?

Le llevó unos instantes recobrarse del impacto. En el silencio, papá, dijo:

—Bueno, Christy ¿cuál es tu respuesta? ¿Todavía quieres romper con él?

Mi bella futura esposa ignoró la broma y me miró con lágrimas en sus ojos azules.

—Ron, me *encantaría* ser tu esposa.

¡Todos aplaudieron! Pero hubo más todavía.

—Bueno, querida, tengo algo para ti en el bolsillo de mi saco. ¿Podrías sacarlo?

—¿Un estuche? —dijo metiendo los dedos en el bolsillo.

—Sí, es para ti. Ábrelo.

Literalmente, sus ojos resplandecieron cuando abrió el estuche.

—Oh, Ron, un anillo de compromiso. Es... es... oh, es un diamante marqués. ¡Es precioso!

—Pónmelo en la boca. Quiero colocártelo en el dedo yo mismo aunque sea de manera no convencional. Después le dije que el concurso había sido ficticio y que yo había orquestado todo el asunto. Christy estaba muy contenta como para enojarse. A la mañana siguiente regresé a San Diego siendo un hombre feliz y comprometido.

Cinco meses después, el 18 de julio de 1992, Christy y yo nos casamos en una sencilla pero significativa ceremonia en la iglesia Eastside Christian en Albany, Oregón. Luego, después de una gloriosa luna de miel que se extendió desde Oregón a Hawaii, pasando por Wisconsin, regresamos nuevamente al mundo real.

34 Verdaderos cascajos

Christy me acercó a un espejo para que pudiese verme. Tenía buen aspecto, aunque me había crecido un poco el estómago. Estaba por presentarme a mi primera entrevista de trabajo como consejero en un colegio del sur de California que tenía ochocientos alumnos con incapacidades. Parecía una perfecta oportunidad para mí y quería causar buena impresión.

A pesar de mi nerviosismo, salimos del motel eufóricos. Éramos jóvenes, estábamos enamorados y éramos idealistas. Christy me había dicho lo buen mozo que estaba, que me amaba y que seguramente me iban a tomar para ese puesto. Yo estaba listo para todo... excepto la expresión en la cara de la recepcionista cuando vio mi silla de ruedas.

Le lancé mi mejor sonrisa. —Soy Ron Heagy —le dije alegremente— tengo una cita para la entrevista.

—Sí, sí, por supuesto —balbuceó— por favor, sígame. Las entrevistas se realizan en el salón de reuniones.

Los miembros del comité deben haberse sorprendido tanto como la recepcionista al darse cuenta que se estaba postulando un cuadriplégico para la posición de consejero, pero fueron corteses y parecieron impresionarse con mis credenciales. Cuando terminó la entrevista y salí a la oficina exterior, Christy me esperaba con una sonrisa envolvente.

—¿Te tomaron? —susurró.

—Todavía no. No van a decidirlo hasta dentro de una semana, pero me fue bien. Creo que tu marido está por conseguir su primer trabajo de consejero.

Para celebrar nos fuimos a tomar un helado mientras mirábamos la lista de avisos de departamentos en alquiler en el diario. Esa tarde encontramos un cálido duplex al que se podía llegar con la silla de ruedas. Después de una rápida visita, Christy hizo entusiasmada una lista de las cosas necesarias para amueblarlo.

A los pocos días recibimos el esperado llamado. La voz del coordinador de la comisión era amable y cálida.

—Señor Heagy, sus credenciales lo acreditan para la posición como consejero —dijo. Luego vino la saeta—. Pero, dadas las circunstancias, no podemos ofrecerle el puesto. Lo lamento.

—¿Qué circunstancias? ¿Por qué no me pueden contratar?

—Debido a su inmovilidad.

Estaba tan perplejo que, por un instante, no pude contestar. Finalmente murmuré. —Gracias por llamar —y dije adiós.

Yo estaba destruido; Christy lloraba.

—¡No es justo! —sollozaba—. ¿Por qué no te lo dijeron de entrada? ¿Y quién sería mejor consejero para niños discapacitados que un consejero discapacitado? ¿Cómo pueden ser tan ciegos?

—Es culpa mía. No me tendría que haber ilusionado; no fue muy realista de mi parte —me disculpé—. Será mejor que empaquemos y nos vayamos a casa.

Scott, mi consejero de empleos se indignó al enterarse.

—La inmovilidad no es una razón valedera. Ron, déjame ver qué puedo encontrar. No te vayas hasta tener noticias mías. ¿OK?

Me llamó a los diez minutos. —Esto es discriminación, lisa y llanamente. Creo que debemos protestar.

Christy y yo lo conversamos y estuvimos de acuerdo. Ella llamó a la oficina del distrito y sostuvo el auricular en mi oreja mientras yo hablaba con el superintendente del distrito.

—Señor, no creo que el motivo por el cual me descalificaron para la posición de consejero sea válido. Será provechoso que volvamos a tener otra conferencia.

Mi tenacidad dio resultado. Scott me acompañó a la próxima entrevista y le preguntó a la alta jerarquía allí reunida por qué el tema de mi inmovilidad me descalificaba. El supervisor adujo que yo no iba a poder hacer llamados telefónicos o completar el trabajo escrito sin un asistente.

—¿Usted se olvida que acabo de terminar mi maestría e internado? ¿Tiene alguna idea de la cantidad de trabajos que he tenido que escribir? —le pregunté—. ¡Puedo escribir mis entregas como cualquiera! Puede que corra la carrera de manera distinta, pero eso no me impide llegar a la meta. Todo lo que necesito es tener la oportunidad de demostrar que puedo hacerlo.

El superintendente me contestó con calma.

—Señor Heagy, estoy seguro que usted es capaz, pero esas son las pólizas del distrito.

Yo no iba a largar la toalla sin un último intento.

—¿Usted se da cuenta del mensaje que le está dando a los alumnos el criterio de las pólizas? En esencia, les está diciendo: "Adelante, edúquense. Los ayudaremos a ir a la universidad, pero están perdiendo el tiempo. A pesar de eso, no les vamos a dar trabajo".

Luego que Scott señalara que la ley obligaba a los empleadores a tomar en consideración la solicitud de un candidato discapacitado calificado, el superintendente se dirigió a sus subordinados.

—Creo que la comisión tendría que reconsiderar la solicitud del señor Heagy.

Scott y yo salimos de la oficina sintiéndonos un poquito más optimistas, pero nunca más volvimos a tener noticias de ese colegio. En ese entonces, me preguntaba el porqué. Ahora me doy cuenta que Dios tenía planes mejores y más grandes para Christy y para mí.

Volvimos a Oregón desilusionados y temerosos. Para romper con el humor sombrío, le sugerí que saliéramos a cenar afuera. Esa noche, cenando en nuestro restaurante preferido, mi antiguo entrenador de fútbol, Percy Benedict, se acercó a nuestra mesa.

—¡Ron Heagy! ¡Qué bueno verte! ¿Cómo te trata el mundo?

—Bueno... creo que bien.

—No. Mal —corrigió Christy.

—¿Cierto? ¿Qué pasó? —preguntó el entrenador Benedict.

—Solicité un puesto de consejero en California y no me tomaron. Ya sabes, nos sentimos un poco rechazados —le dije.

—Bueno, bueno, nos sentimos *muy* rechazados —agregó cándidamente mi esposa.

—Sé lo que se siente; a mí me han rechazado también. Pero, Ron, no permitas que eso te deprima. Tú eres un muchacho con mucha decisión y determinación. A veces salías de la cancha tan dolido y entumecido que a penas te podías mover. Al rato de estar sentado en el banco me pedías que te hiciera entrar de nuevo al partido. Ron, a veces la vida es como un partido de fútbol. Cuando te da un golpe y quedas en el suelo, tienes que levantarte y seguir corriendo detrás de la pelota.

—Sí, entrenador, tiene razón. El problema es que no sé en qué dirección correr.

Percy me palmeó la espalda. —Por empezar, ¿qué te parece si vienes a Central Linn High School a conversar con los chicos? Ellos tienen que escuchar lo que tienes para decirles.

Dos semanas después estaba sentado en el gimnasio de mi alma mater, en contacto con los olores y sonidos familiares. Nada había cambiado mucho; excepto que los alumnos parecían mucho más jóvenes de lo que me parecieron cuando yo estudiaba ahí. Durante treinta minutos les hablé con el corazón y, ante mi asombro, me escucharon atentamente. Cuando terminé se pusieron de pie y aplaudieron con fervor.

El maravilloso sentimiento que me invadió escuchando sus aplausos con una sonrisa, fue similar al que había sentido años atrás en la conferencia de Cannon Beach donde Pennie había estado trabajando un verano. Era un sentimiento de gratitud y plenitud, de logro y confianza. *Yo puedo hacer esto* —me dije enfáticamente ante la aclamación de los alumnos.

Así es como voy a hacer una diferencia, a tocar una vida con mi historia y darle esperanza a un corazón herido

Había comenzado mi ministerio como motivador. Tenía mucho que aprender acerca de hablar en público, pero soy un gran creyente en el adagio que dice: "Todo lo que vale la pena hacer, no vale la pena hacerlo mal, si lo puedes hacer bien".

Durante el primer año de mi carrera itinerante, Christy y yo luchamos por terminar cosas. Pasamos muchas horas en la carretera y casi cubrimos los gastos de los viajes. Y no todas las audiencias eran receptivas. En una ocasión, hablé en una escuela pública de seiscientos estudiantes, desde kindergarten a secundaria. Debido a las diferentes edades, fue difícil mantener la atención de los alumnos. Muchos eran pendencieros y no prestaban atención. Después pensé: *¡Lo eché a perder! ¿Qué estoy haciendo aquí? Mi disertación es un fracaso. Tal vez tenga que irme a casa y olvidarme de este ministerio.*

Levanté la vista de la inmersión en mi duda para ver que una tímida muchachita de doce años se acercaba a mi silla arrastrando una pierna.

—Gracias por venir, señor Heagy. Me gustó mucho su charla. Usted... usted me ha dado esperanza.

—¿De verdad? —le pregunté asombrado, creyendo que nadie me había podido escuchar en medio de ese barullo.

—Los chicos piensan que soy un fenómeno.

Me conmovió lo que dijo la delgada y pecosa adolescente.

—Querida, no lo creas. Creo que tienes una belleza especial y me gusta tu sonrisa.

Se le iluminó el rostro. —Señor Heagy, sus pinturas son *chéveres*. Verlo en silla de ruedas con una sonrisa en la cara, hace que me dé cuenta que, después de todo, no estoy tan mal. Mamá dice que tuve un aneurisma en el cerebro a los seis años y eso me paralizó el lado izquierdo. Dijeron que nunca iba a volver a caminar —me volvió a sonreír—. Pero camino.

—Caminas y tienes una gran disposición, querida. Nunca te rindas —le dije.

Cuando me abrazó, le dije: —Gracias, eso es exactamente lo que necesito en este momento.

Después de aquella experiencia, cada vez que me encontraba ante una audiencia indiferente o ingobernable, trataba de imaginarme que allí podía haber solamente *una* persona a quien pudiera tocar y hablaba dirigiéndome a ese solo chico.

Gradualmente se fueron incrementando las invitaciones y venían de lugares distantes. Más tarde, me organizaron un viaje por distintas ciudades de Tejas. Justo antes de partir, se agregaron otros sitios al itinerario, incluyendo California, Arizona, Alabama, Louisiana y Florida.

Estaba emocionado, pero Christy no compartía mi entusiasmo.

—¡De ninguna manera, Ron Charles. ¡Estaríamos viviendo con la maleta a cuestas por dos meses!

—Pero, querida, prometimos ir donde el Señor nos llevara.

Me miró moviendo la cabeza.

—Me parece que Dios no nos está enviando el mismo mensaje.

Estaba sorprendido y desilusionado ante su reacción. Me pregunté si había sido justo con ella. Le dije que volvería a considerar el itinerario; pero, unos días después, Christy me abrazó y me dijo: —Querido, es que tengo miedo. Pero si tú crees que debemos ir, estoy dispuesta.

El tiempo demostró que la intuición de Christy estaba bien fundada. La gira fue un penoso trabajo de dos meses y un reto logístico. A veces nos alojábamos en casas particulares, una situación estresante para Christy y un gran inconveniente para nuestros anfitriones, pero debido a la escasez de dinero, no teníamos otra opción. Cuando teníamos dinero para pagar alojamiento, los moteles no tenían acceso para silla de ruedas o estaban muy lejos. Una noche, después de haber manejado doce horas y por secciones del camino sin pavimento, llegamos a destino y nos encontramos con que nos habían reservado una habitación en el segundo piso y el motel no tenía ascensor. Cansada como estaba, Christy tuvo que manejar dos horas más para encontrar un alojamiento adecuado.

Las congregaciones siempre nos recibían con calidez y, a veces, nos daban ofrendas de amor que eran más que suficientes para cubrir los gastos del viaje. Pero en las escuelas seculares, generalmente nos daban una pequeña donación con la que a penas pagábamos la comida. En una escuela en particular sentimos que los alumnos escucharon con educación, pero en los profesores sentimos cierto negativismo. Es más, uno de los maestros nos criticó abiertamente haciendo que Christy saliera llorando de la escuela. Yo también estaba frustrado; habíamos perdido el tiempo y la energía haciendo esta parada fuera del camino.

Casi un año después, Cindy, mi secretaria, me dejó algunas cartas y notas sobre mi escritorio.

—Mira ésta, Ron —me dijo señalando la foto de un Camaro destrozado—. ¿Cómo alguien puede sobrevivir a un accidente como éste?

Me leyó la carta de una chica de dieciséis años, una jovencita que había asistido a la reunión de la escuela que yo había pensado que había sido una pérdida de tiempo.

Al poco tiempo que usted vino a hablar a la escuela, mi novio y yo tuvimos un accidente —me escribió—. Ron, si yo no lo hubiese conocido, el accidente que me dejó paralítica en silla de ruedas hubiese sido más de lo que podría tolerar. Pero, cuando me deprimo, recuerdo sus palabras y me dan el valor para seguir adelante. Gracias, y siga adelante con esa buena obra —la carta estaba firmada: "su amiga, Lisa".

Cindy y yo nos miramos y pensamos lo mismo: *En el plan de Dios nada se pierde. Todo ayuda para bien.* Esa misma confirmación la recibimos cuando Jack West, el director de National Schools Assemblies dijo:

"La actitud de Ron Heagy ha afectado profundamente las vidas de miles de jóvenes en todo Estados Unidos".

Lentamente, nuestro ministerio se fue extendiendo y ya no hablaba solamente para jóvenes, sino en seminarios de negocios, iglesias, universidades, prisiones, centros de detención, organizaciones legales y grupos varios como los Cumplidores de Promesas y los Christian Berets (Boinas Cristianas). También me involucré en distintas organizaciones de discapacitados y me sentí extremadamente honrado cuando el gobernador John Kitzhaber me nombró el discapacitado físicamente del año de Oregón en 1995.

A medida que el trabajo se extendía, Christy y yo nos veíamos a veces metidos en situaciones riesgosas. Sin lugar a dudas, la experiencia más desconcertante la tuvimos en un centro de detención juvenil en el que los internos iban desde simples ladrones a asesinos.

Unas horas antes de mi presentación, estábamos desayunando en un pequeño café de las inmediaciones del centro, cuando la camarera nos preguntó:

—¿Están de paso?

Asentimos.

—¿A dónde van?

—Somos de Oregón —le dijo Christy—. Mi marido viene a dar una charla en el centro de detención.

—¡No me gustaría estar en sus zapatos! ¡Ni loca me acercaría a ese lugar! Hace unas semanas uno de los muchachos agarró el arma de un oficial y le disparó en la cabeza. Son un montón de chicos malos. Por eso los tienen detrás de las rejas.

Christy me miró y yo la miré y sin palabras nos leímos el pensamiento: *Señor ¿estás seguro que quieres que vayamos allí? Tal vez tengamos que volverlo a considerar.*

Pero yo sabía que ese era *exactamente* el lugar en el que teníamos que estar. Al salir del café, le dije a la camarera:

—Si lo que dice es cierto, esos muchachos *realmente*

necesitan escuchar lo que tengo que decirles —pero, aun así, mientras íbamos camino al centro, le pedí a Christy que me esperara en la camioneta. No quería que nada le pasara a ella.

Los organizadores me sentaron en la sala en la cual iba a hablar y luego fueron entrando los jóvenes internos; algunos me miraban con suspicacia. Algunos eran taciturnos, otros rudos, diciendo obscenidades y poniendo los ojos en blanco. Pero en cuanto comencé a hablar, la sala quedó en silencio y los jóvenes me prestaron completa atención. Noté que la expresión de sus rostros se suavizaba al escuchar los desafíos que les presentaba a ellos. Increíblemente, hasta vi lágrimas en los ojos de algunos antes de terminar mi mensaje.

Después, algunos se acercaron a mi silla de ruedas. Les había llegado el turno de contarme *sus* historias. Muchos venían de familias destruidas y no eran queridos. La única familia que tenían, la única gente en la que podían confiar, eran los miembros de alguna pandilla. Se revestían de rudeza para cubrir su inseguridad y sufrimiento. Cuando terminé, fui hasta la camioneta donde Christy me esperaba ansiosa.

—¿Cómo te fue? —me preguntó rápidamente.

—Grandioso —le dije—. Lo único que me molesta de este lugar es no poder quedarme más tiempo.

A veces, nuestra agenda estaba bien apretada. En una ocasión tenía programado hablar en un desayuno para los Cumplidores de Promesas en el sur de California a las siete de la mañana, me entrevistarían para la televisión a las ocho y media, tenía que disertar en tres escuelas durante el día y ser el último conferencista en un banquete en la noche. Nuestro despertador sonó a las cinco y media de la mañana y, al ver a Christy desperezarse y rodar dormida en la cama después de apenas unas pocas horas de descanso, volví a darme cuenta lo mucho que trabajaba y cuánto sacrificio le demandaba mantener nuestro ministerio andando.

Al llegar al estacionamiento donde se estaba llevando a cabo el desayuno vimos un hombre que estaba sacando una pequeña silla de ruedas de la parte posterior de su camión. Luego sacó a un muchachito de la cabina y lo sentó en la silla.

Me acerqué al chico y lo saludé. —Buenos días ¿cómo estás?

El muchacho parpadeó pero no emitió sonido alguno.

—Kevin está paralizado desde la nariz para abajo —me explicó el hombre.

—Cuando le dije que usted iba a hablar para los Cumplidores de Promesas quiso venir a escucharlo.

Recordando lo herido que me había sentido tiempo atrás cuando un desconocido le habló a mi padre en lugar de hablar conmigo cuando hicimos la primera visita al hospital en silla de ruedas, mantuve la mirada fija en la cara del chico y le hablé directamente a él.

—Me alegra que hayas venido, Kevin. Me da gusto conocerte. ¿Tal vez podamos conversar un poco más después, OK?

Después del desayuno, viendo a Kevin sentado a la mesa donde estaban expuestas alguna de mis obras de arte, me acerqué a él.

—Kevin, me gustaría darte una pintura. ¿Cuál te gusta?

Se le iluminaron los ojos y emitió sonidos ininteligibles.

—Kevin está tratando de decir que le gusta el faro y que quiere tenerla en sobre sus piernas —me tradujo su acompañante.

—¡Muy bien, jovencito! ¡Es tuya! —Christy me puso una lapicera en la boca y se la firmé. Posamos juntos para las fotos y le dije:

—Kevin, en vez de irte a tu casa en el camión ¿no quisieran venir con nosotros en la camioneta?

Él no podía hablar ni sonreír, pero el muchachito parpadeó dos veces velozmente. Por encima de su cabeza, su acompañante, asintió.

El hombre manejó la camioneta y Christy nos siguió en el camión. Me contó que Kevin había nacido paralítico y que su papá lo había abandonado al nacer. Este hombre se había convertido como en un padre sustituto para el chico.

—Me gusta trabajar para Kevin y mis hijos lo quieren. Siempre está contento y nunca se queja, pase lo que pase. Kevin no puede comer o probar la comida común. Recibe todo su alimento por medio de un tubo, pero cuando escuchó que a los niños les gustaba tanto su leche chocolatada, me pidió que la suya se la hiciera marrón. Quiere creer que él también está tomando chocolate.

—¡Qué chico más inspirador eres! —le dije a Kevin al despedirnos—. Me alegra mucho habernos conocido. Kevin, nunca me olvidaré de ti.

Sus ojos parpadearon felices. Todavía los veo en mi memoria.

35 Momentos cruciales

No hace mucho fui a almorzar con un amigo. Teníamos poco tiempo para comer y seguir con nuestros compromisos. Pero el servicio era lento. Justo cuando estaba por estallar con la camarera, se me acercó una comensal.

—¿Usted no es Ron Heagy?

—Sí —le contesté a la defensiva, tratando de disimular mi frustración y no parecer un cliente enojado en vez de un ministro motivador.

—Lo escuché hace poco y ahora me lo encuentro aquí. Usted tiene una gran disposición de ánimo. A pesar de la lentitud del servicio, usted tiene paciencia. Señor Heagy, usted verdaderamente practica lo que predica. Lo admiro muchísimo.

Casi no pude hablar cuando ella sonriendo nuevamente, siguió su camino. Humillado y avergonzado, elevé una silenciosa oración de gratitud. *Gracias, Señor, por guardar mi irritación un minuto extra para que esta amable señora me pudiese recordar el motivo por el cual tú me pusiste en este restaurante que tiene un servicio tan malo. Señor, trataré de hacerlo solo la próxima vez. Pero, por favor, quédate cerca de mí, por las dudas.*

Han pasado diecisiete años desde que me rompí el cuello. Hace diecisiete años que le pedí a Dios que me sanara y me hiciera caminar de nuevo. Él no me contestó la oración en la forma en que yo hubiese querido. He sufrido mucho en estos diecisiete años y he pasado por circunstancias muy difíciles, depresiones, desánimo, desesperanza, rebelión, enojo y, con mayor frecuencia, frustrantes nudos en el estómago. Por naturaleza, no soy una persona paciente que acepte la adversidad y el dolor. Pero estoy aprendiendo. Cada día que pasa y cada vida que toca la mía, me doy cuenta que aquí es donde tengo que hacer la obra de Dios, en mi silla de ruedas.

He aprendido a tomar cada día a la vez. Muchos días son una lucha de minuto a minuto. Pero mi meta es seguir el ejemplo del apóstol Pablo, quien escribió desde una mísera prisión: "He aprendido a contentarme cualquiera que sean las circunstancias". Básicamente, soy una persona feliz y optimista, aunque mi actitud no sea siempre la que tiene que ser. Por ejemplo, en una gira reciente, a mediados del verano, la compañía de aviación perdió mi silla en algún sitio entre Oregón y Dallas. Al llegar, la temperatura era sofocante y mi silla no aparecía como acostumbra hacerlo. Christy fue a ayudar a la tripulación a buscarla mientras una azafata me daba a comer maníes, tratando que estuviera cómodo en el sofocante clima y sin aire acondicionado. Para empeorar las cosas, se me había desconectado el catéter y se me habían mojado los pantalones desde la salida de Portland. Después de una larga espera de una hora, Christy reapareció con una expresión triunfante en el rostro.

—¿La encontraron?

—Sí.

—¿Dónde?

—En la bodega. Por alguna razón, la habían empujado atrás del equipaje que iba a Atlanta.

—¡Bueno, se nos hace tarde —exclamé impaciente—. Si no se apuran, llegaremos tarde a la conferencia. Pero me tengo que cambiar los pantalones.

Con la ayuda de la azafata, Christy me traspasó a una silla de la aerolínea rumbo a la salida, donde me esperaba mi silla motorizada.

Christy me ató enseguida a mi silla. Pero la silla no se movió. La tripulación le había colocado mal las pilas. Christy inclinó la silla conmigo colgando encima para cambiar las pilas. Estoy seguro que los miles de pasajeros que pasaban por ahí, habrán arqueado las cejas y luego habrán desviado la vista pensando por qué un hombre grande con los pantalones mojados se encontraba en tan precaria posición en uno de los aeropuertos más concurridos de la nación, pero nadie se detuvo a preguntar. Supongo que estarían tan abochornados *por mí* como yo lo estaba por mí mismo.

Me sentía acalorado, humillado y a punto de estallar. Definitivamente, este no era un momento en el cual estuviese exhibiendo mi actitud positiva como ejemplo para que otros siguieran. Recién entonces se nos acercó un maletero, se tocó la gorra y preguntó sonriendo:

—Señor, disculpe ¿puedo ayudarlo mientras espera? ¿Le puedo traer un vaso de agua o una gaseosa?

Intenté devolverle la sonrisa, pero me temo que haya parecido una mueca.

—No, gracias. Mi esposa les está mostrando cómo se cambian las pilas. No les va a llevar mucho tiempo.

Él parecía no querer retirarse.

—Señor, lo he estado mirando. Usted es un hombre paciente, un hombre muy paciente. Al observarlo tomando esta situación con tanta tranquilidad, me hizo notar cuán agradecido debo estar. Señor, usted me ha dado mucho. No lo olvidaré. Que Dios lo bendiga abundantemente, señor.

De pronto, no pareció tener mucha importancia si llegábamos tarde a la reunión. Vi de espaldas al maletero cuando se iba empujando el carrito de las valijas. *Tampoco yo me olvidaré de ti, amigo* —dije en silencio.

Mi ministerio está basado en cambiar actitudes y cambiar vidas. Así como Christy y yo tocamos otras vidas con nuestra historia, nosotros somos tocados por quienes nos escuchan. Nos recuerdan que *no* sólo son las palabras provenientes de los púlpitos o los podios las que hablan; no es sólo lo que me pasó en el pasado, sino la manera de vivir cada día lo que importa, en casa, en los restaurantes muy concurridos, en los aeropuertos. Aquí en la trinchera es donde hacemos más efectivamente la obra de Dios.

Cuando era adolescente, estar paralizado no era parte del plan para mi futuro. Mi esperanza era servir al Señor siendo una estrella del fútbol, viajando por el país dando mi testimonio como atleta cristiano. Pero Dios nos da lo que necesitamos, no siempre lo que queremos. He tenido una buena vida. Tengo a Christy y al Señor y ambos me ayudan para seguir adelante. Puedo decir con el salmista: "Cantaré al Señor, porque me ha hecho bien" (Salmo 13:6). Si pudiese tomar una decisión ahora mismo, no estoy muy seguro si cambiaría algo. A veces, cuando regresamos a casa de un largo y agotador viaje dando disertaciones, Christy me lleva al campo y allí corremos en el coche para los médanos y disfrutamos la libertad de no tener horarios de vuelos ni las presiones de las conferencias. El sol nos calienta la cara, el viento nos despeina y nos divertimos disfrutando la mutua compañía.

Luego, descansados y revitalizados, estacionamos el coche al lado de la silla de ruedas y reanudamos el trabajo... para el Señor.

"Algo hermoso, algo bueno;
toda mi confusión Él la entendió;
todo lo que tenía para darle era
quebrantamiento y dolor;
pero Él hizo de mi vida algo hermoso".[1]

---

1. "Algo hermoso". Palabras de Gloria Gaither. 1971 William Gaither. Todos los derechos reservados. Usado con permiso.